Das

Preußische Feld-Kriegs-Kommissariat

und deren Branchen

zwischen 1799 und 1806

Jörg Titze

Heft 5

Abb. 01   Stickerei zur Ziviluniform der Präsidenten und Direktoren

Das

preußische Feld-Kriegs-Kommissariat und deren Branchen

zwischen

1799 und 1806

Bibliographische Information der Deutschen Bibliothek

Die Deutsche Bibliothek verzeichnet diese Publikation in der Deutschen National-
bibliographie; detaillierte bibliographische Daten sind im Internet über http://dn-
b.ddb.de abrufbar.

Die Deutsche Bibliothek – CIP – Einheitsaufnahme

Jörg Titze

Die preußische Feld-Kriegs-Kommissariat und deren Branchen zwischen 1799 und
1806

ISBN 978-3-7693-9914-1

Verlag: BoD · Books on Demand GmbH, In de Tarpen 42,

22848 Norderstedt, bod@bod.de

Druck: Libri Plureos GmbH, Friedensallee 273,

22763 Hamburg

Inhaltsverzeichnis

1.   Einleitung

Nach Informationen über die Mobilmachung der Artillerie suchend, habe ich im Geheimen Staatsarchiv zu Berlin sozusagen „als Beifang" Informationen über die Gestellung von Knechten und Pferden zum Feld-Kriegs-Kommissariat erhalten. In diese Richtung weiter suchend hat sich eine Vielzahl weiterer Informationen auffinden lassen, die schlußendlich zur Verfassung dieses Heftes geführt haben.

Bereits während der Koalitionskriege scheint sich in Preußen die Erkenntnis durchgesetzt zu haben, dass das bisherige System der Anwerbung der Mittel- und Unterchargen für das Feld-Kriegs-Kommissariat im Mobilmachungsfall, bei geringer Effizienz hohe Kosten für den Staat verursacht. Von Friedrich Wilhelm II begonnen und von Friedrich Wilhelm III weitergeführt, wurde diesem Thema mehr Aufmerksamkeit geschenkt. Die unternommenen Bemühungen gingen dahin, die Mobilmachung von Zufällen zu befreien und planbarer zu gestalten. Durch die Verwendung von bereits im Staatsdienst stehenden Offizianten sollten nicht nur mehr über die notwendigen Kenntnisse verfügende Individuen für die Besetzung der jeweiligen Stelle bestimmt und damit die Effizienz erhöht sowie die Fälle von Unterschlagung und Veruntreuung minimiert werden. Es sollten durch diese Verwendung auch die Kosten gesenkt werden, da diese Staatsdiener einerseits bereits vom Staat bezahlt und nur eine evtl. bestehende Differenz zum Feldgehalt gezahlt, andererseits nach dem Krieg in ihre vorherigen Anstellungen zurückkehrten und somit nicht abgefunden oder verpensioniert werden mussten.

Die dahingehenden Bemühungen endeten 1799/1800 mit einem fortzuschreibenden Mobilmachungsplan, in welchem vom Mitglied des Feld-Kriegs-Kommissariats bis zum letzten Proviant-Offizianten namentlich verzeichnet war, wer welche Stelle besetzte. Die höchsten Chargen bestimmte der König im Mobilmachungsfall, die Handwerker und Knechte waren nur summarisch erfasst und mussten von den Kammern vorgehalten werden. Die Regimenter wiederum führten parallel Listen mit den zu Inspektoren, Wagen- und Schirrmeistern sowie zu Aufsehern und Krankenwärtern bestimmten Individuen.

Die Hauptaufgabe des Kommissariats bestand in der Organisation und Bereitstellung der Verpflegung (Portionen und Rationen) sowie der geldlichen, medizinischen, geistlichen und rechtlichen Versorgung der Armee.

Das Verpflegungsgeschäft[1] selbst wurde in erster Linie über angelegte Magazine betrieben, in denen die zu den Portionen und Rationen gehörigen Naturalien

---

[1] Marwitz S.8 f : „*Während der Nacht zum 27sten September erhielt Fürst Hohenlohe in Chemnitz Befehl, … nach Jena zu gehen … Hierdurch fiel alles was von Dresden kam, in die Marschquartiere der Sachsen … Eben so wurden die in Chemnitz, Zwickau, Hof angelegten Magazine unnütz, und man sollte in dem ziemlich unwirtbaren Landstriche zwischen Elter und Saale vorzugsweise von den Wirten leben. … Ich ging am 29sten September voraus, um mit den Landes-Behörden in Gera, Altenburg, Weimar, Alles wegen der Verpflegung u.s.w. zu ordnen. Der Herzog von Weimar, welcher als Befehlshaben der Avantgarden-Division der Hauptarmee in seiner eigenen Hauptstadt stand, wußte am 1sten Oktober noch kein Wort vom Anrücken der Truppen Hohenlohe's, denen er Platz machen sollte.*"

durch Ausschreibung beigebracht und angehäuft wurden. Dass diese Verpflegungsvorkehrungen bei sich sich ändernden Marschdirektionen obsolet wurden, hat sich im Feldzug von 1806 mehrfach gezeigt.

Die medizinische Versorgung wurde über die entsprechenden Lazaretteinrichtungen sicher gestellt und bedarf definitiv einer weiteren Aufarbeitung. Allein das „Feld-Lazarett-Reglement für die Königlich Preußische Armee, Berlin den 4ten August 1799"[2] umfasst mehr als 300 Seiten Instruktionen und Schemata-Vorlagen.

Dieses Heft soll daher als ein erster Versuch angesehen werden, sich diesem Thema im Detail zu nähern.

Bedanken möchte ich mich bei den Damen und Herren des Geheimen Staatsarchivs in Berlin, für die problemlose Bereitstellung der Akten und Möglichkeit zur Anfertigung von Aktenscans sowie bei Oliver Schmidt für seine Unterstützung.

Ich möchte mich auch bei Ihnen, verehrter Leser, für den Kauf dieses Heftes bedanken. Insofern Sie Anregungen haben oder über den Inhalt diskutieren wollen, so können Sie mich via email unter

sachsen-titze@t-online.de

erreichen.

Eilenburg im Februar 2025

Ihr

Jörg Titze

In der Reihe **Beiträge zur altpreußischen Militärgeschichte bis 1806/07** sind bisher erschienen bzw. werden erscheinen

---

[2] IV. HA, Rep. 16 Nr. 500

2.   Die Organisation

2.1   Die Organisation der Armee

Das preußische Heer war 1799/1800 in 4 Armeen
a) Reserve- oder 1ste preußische Armee
b) Schlesische oder 2te preußische Armee
c) Südpreußische oder 3te preußische Armee und
d) Ostpreußische oder 4te preußische Armee

eingeteilt[3].

Die Haupt-Depots waren für die

Reserve-Armee	Berlin und Magdeburg
Schlesische Armee	Breslau, Berlin und Stettin
Südpreußische Armee	Glogau, Posen und Lenczys
Ostpreußische Armee	Königsberg und Graudenz

Die **Reserve-Armee** umfasste folgende Feld-Regimenter:

11 Infanterie-Regimenter	No. 3, 5, 9, 10, 20, 21, 27, 41, 45, 48, 56
3 Füsilier-Bataillone	No. 18, 19, 20[4]
3 Kürassier-Regimenter	No. 3, 6, 7
1 Husaren-Bataillon	No. 11
8 Batterien[5]	12pfd.ge No. 15, 16, 17, 18, 19, 20, 22; 6pfd.ge No. 4
7 Kolonnen[6]	Handwerks No. 4; Train No. 11, 12, 13, 14 Laboratorien No. 4; 60 Pontons

Die **Schlesische Armee** umfasste folgende Feld-Regimenter:

22 Infanterie-Regimenter	No. 1, 6, 12, 13, 15, 18, 19, 23, 25, 26, 28, 29, 30, 32, 33, 34, 38, 40, 47, 49, 50
7 Füsilier-Bataillone	No. 1, 2, 5, 13, 14, 15, 22[7]
1 Bataillon Fußjäger	
8 Kürassier-Regimenter	No. 1, 2, 8, 9, 10, 11, 12, 13
4 Dragoner-Regimenter	No. 1, 2, 5, 11
4 Husaren-Regimenter	No. 1, 2, 3, 6
14 Batterien[8]	12pfd.ge No. 6, 7, 8, 9, 10, 11, 12, 13; reitende No. 5, 14; 6pfd.ge No. 2, 3; 7 pfd.ge Haubitz No. 2; 10pfd.ge Mortier No. 2

---

[3] In dieser Einteilung fehlen die erst nach 1800 errichteten Infanterie-Regimenter No. 59 und No. 60, die Dragoner-Regimenter No. 13 und No. 14 sowie die reitenden Batterien 15 - 20

[4] Westfälische Brigade

[5] nur Depot Magdeburg

[6] nur Depot Magdeburg

[7] Niederschlesische und Magdeburgische Brigade sowie 1 Bataillon der Oberschlesischen Brigade

[8] nur Depot Breslau

11 Kolonnen[9]	Handwerks No. 2, 3; Brücken No. 2; Laboratorien No. 3; Train No. 6, 7, 8, 9, 10; Brandgeschoss No. 1; 10 Pontons
3 Pferde-Depots	fliegendes No. 2, 3; stehendes No. 2

Wie die Verteilung der in Berlin mobil zu machenden Artillerie

14 Batterien	12pfd.ge No. 1, 2, 4, 5; reitende No. 1, 2, 3, 4, 11, 12 6pfd.ge No. 1; 7pfd.ge Haubitz No. 1; 10pfd.ge Mortier No. 1; 7pfd.ge Mortier No. 1
9 Kolonnen	Handwerks No. 1; Brücken No. 1; Laboratorien No. 1, 2; Train No. 1, 2, 3, 4, 5
2 Pferde-Depots	fliegendes No. 1, stehendes No. 1

auf die Schlesische und Reserve-Armee erfolgte, hat sich nicht ermitteln lassen.

Die **Südpreußische Armee** umfasste folgende Feld-Regimenter

10 Infanterie-Regimenter	No. 7, 22, 24, 35, 36, 37, 39, 42, 55, 57
5 Füsilier-Bataillone	No. 4, 7, 8, 10, 16[10]
1 Kürassier-Regiment	No. 5
3 Dragoner-Regimenter	No. 3, 4, 12
3 Husaren-Regimenter	No. 4, 7, 8
8 Batterien	12pfd.ge No. 23, 24, 25, 26, 28; reitende No. 9, 10; 6pfd.ge No. 5;
6 Kolonnen	Handwerks No. 5; Train No. 15, 16, 17; Laboratorien No. 5; 43 Pontons
1 Pferde-Depots	fliegendes No. 5

Die **Ostpreußische Armee** umfasste folgende Feld-Regimenter

15 Infanterie-Regimenter	No. 2, 4, 8, 11, 14, 16, 17, 31, 44, 46, 51, 52, 53, 54, 58
9 Füsilier-Bataillone	No. 3, 6, 9, 11, 12, 17, 21, 23, 24[11]
1 Kürassier-Regiment	No. 4
5 Dragoner-Regimenter	No. 6, 7, 8, 9, 10
3 Husaren-Regimenter	No. 5, 9, 10
21 Batterien	12pfd.ge No. 27, 29, 30 31, 32, 33, 34, 35, 36, 37, 38, 39; reitende No. 6, 7, 8, 13; 6pfd.ge No. 6, 7, 8; 7 pfd.ge Haubitz No. 3, 4;
19 Kolonnen	Handwerks No. 6, 7, 8; Brücken No. 3, 4; Laboratori-en No. 6, 7, 8; Train No. 18, 19, 20, 21, 22, 23, 24, 25, 26; Brandgeschoss No. 2; 100 Pontons
5 Pferde-Depots	fliegendes No. 6, 7, 8; stehendes No. 3, 4

---

[9] inklusive Neisse und Schweidnitz

[10] 2.Warschauer Brigade und 2 Bataillone der Oberschlesischen Brigade

[11] 1.Warschauer sowie 1. und 2.Ostpreußische Brigade

2.2 Die Organisation der Armeeverwaltung

Die Belange der Armee wurden 1806 durch folgende Behörden reguliert:

Ober-Kriegs-Kollegium

Präsident	General-Feldmarschall Herzog von Braunschweig
Vice-Präsident	General-Feldmarschall von Möllendorf

Erstes Department	Angelegenheit der Armee[12]
Direktor	Generalmajor der Kavallerie v.Dietherdt
Infanterie / Assess.	Oberst von Guionneau, Major von Lottum
Kavallerie / Assess.	Generalmajor von Wischkau, Major von Prittwitz
Artillerie / Assess.	Oberst von Pontanus, Oberstleutnant von Neander

Zweites Department	Montierungs-, Armatur-, Ökonomiewesen
Direktor	General der Kavallerie von Boyen
Assessor	Oberst der Infanterie von Schack

Drittes Department	Versorgung und Pensionen Invaliden
Direktor	General der Infanterie von Colong
Assessor	Oberst der Kavallerie von Criwitz

Ingenieur-Department	
Direktor	Generalleutnant von Geusau
Assessor	Generalmajor von Laurent
Assistent	Stabs-Capitain von Leitholdt

General- Intendantur

General-Intendant	Oberst von Guionneau (1804)[13]; vacat (1806)
Direktor	Major von der Armee von Janwitz (Proviant-Fuhrwesen)
	˶ von Hausen (Feld-Lazarettwesen)
Train Offiziere	Capit. von Herzberg, Train-Direktor in Magdeburg[14]
	Major von Katte, Train-Direktor in Breslau
	Ltn. von Metzradt, Lazarett-Offizier in Breslau
	Ltn. von Below, Train-Offizier in Stettin
	Capit. Voß, Train-Direktor in Königsberg
	Ltn. von Diericke, Train-Offizier in Königsberg
	Ltn. von Buddenbrook, Lazarett-Offizier in Königsberg
	Major von Sacken, Train-Direktor in Graudenz
	Rtm. von Stockmeier, Train-Offizier in Graudenz
	Capit. Reichhelm, Train-Direktor in Glogau

---

[12] Besorgt die Angelegenheiten der Infanterie, Kavallerie, Artillerie, des Feld-Bäckerei-, Feld-Lazarett- und Fuhrwesens der Armee

[13] Obwohl der Oberst v.Guionneau 1806 nicht mehr als General-Intendant geführt wurde, so bekleidet er doch diese Stelle während des Feldzuges von 1806

[14] dessen Bericht über den Feldzug von 1806 siehe Anlage 07

Rtm. von Krumm, Train-Direktor in Posen
Capit. von Wittich, Lazarett-Direktor in Posen
Ltn. von Sommerfeldt, Train-Offizier in Lenczyc

General-Auditoriat[15]

General-Auditeur	Herr Bohm, Geheimer Ober-Justizrat
Ober-Auditeurs	Herr Ritschel, Geheimer Kriegsrat
	Herr Wach, Kriegsrat
	Herr Troschel, Kriegsrat

Medizinal-Stab der Armee

Gen.Stabs-Medicus	vacat
Ober-Stabs-Medicus	Herr Dr. Formey; Geheimer Rat, Leib-Medicus und Ober-Medizinal-Rat
Gen.Stabs-Chirurgi	Herr Dr. Görcke; Regiments-Chirurg der Artillerie
General-Chirurgi	Herr Mursinna; Regiments-Chirurg Rgt. v.Möllendorf
	Herr Laube; Regiments-Chirurg Rgt. v.Larisch

Militär-Departement des General-Direktorii[16]

Chef	Generalleutnant v.d. Kavallerie Freiherr von der Goltz; General-Direktorii
Mitglieder	Oberst v.d. Infanterie von Guionneau
	Herr Dreyer; Geheimer Finanz-Rat und General-Proviant-Meister
	Herr Pirl; Geheimer Finanz-Rat
	Herr Westphal; Geheimer Finanz-Rat

Post-Departement der General-Direktorii

Chef	Generalleutnant v.d. Kavallerie Graf von der Schulenburg; General-Direktorii, General-Postmeister
General-Postamt	Herr von Seegebarth; Geheimer Ober-Finanz-Rat, Direktor

Kriegs- und Domänen-Kammern[17]

---

[15] war das Ober-Militär-Gericht in Zivil- und Kriminalsachen über die ganze Armee.

[16] besorgt die Marsch-, Revue, Servis-, Einquartierungs-, Kantons- und Magazin-Angelegenheiten.

[17] diese waren u.a. zuständig für die Aushebung und Stellung der Mobilmachungs-Knechte und -Pferde.

3. Die Organisation der Intendanz mit angeschlossenen Branchen

Die Intendanz zerfiel in folgende Branchen (Unterabteilungen):

Feld-Kriegs-Kommissariat

General-Stabs-Bediente

Feld-Kriegs-Kasse

Feld-Post-Amt

Feld-Bäckerei und Feld-Bäckerei-Fuhrwesen

Feld-Lazarette

3.1 Das Feld-Kriegs-Kommissariat

Das Feld-Kriegs-Kommissariat je Armee wurde gebildet aus 1 General-Intendanten bzw. Intendanten, 1 Direktor bzw. Vize-Direktor, den Kommissariatsmitgliedern, 3 Kommissariats-Sekretären sowie einer entsprechenden Anzahl an Kanzlisten, Kalkulatoren, Registraturen, Kopisten und 1 Kanzlei-Diener[18].

Dazu kam eine verhältnismäßige Anzahl 6spänniger Registratur-Wagen.

In **Königsberg** wurde das Registratur-Fuhrwesen für die **ostpreußische Armee** mobil gemacht in folgender Stärke:

1 Inspektor, 1 Wagenmeister, 1 Schirrmeister

3 St.	6spännige Wagen	6 Knechte	6 Stangen	12 Vorderpferde
	für die Offizianten			3
3	Wagen	6 Knechte	6 Stangen	15 Vorderpferde

3.2 Die Generalstabs-Bedienten

Zu den General-Stabs-Bedienten jeder Armee zählten 1 Ober-Auditeur, jeweils 1 - 2 reformierte, katholische und lutherische Prediger, 1 Ober-Feld-Arzt, 1 General-Polizei-Direktor, 1 Stabs-Fourier, 1 Stabs-Profos und 1 Scharfrichter.

3.3 Die Feld-Kriegs-Kasse

Zur Feld-Kriegs-Kasse jeder Armee gehörten 1 Feld-Kriegs-Zahlmeister, 1 Buchhalter, 1 Kassierer, 1 - 2 Kassen-Schreiber, 1 Kassen-Diener, 1 Inspektor, 1 Schaffner sowie Wagen- und Schirrmeister sowie Stangenreiter[19].

In **Königsberg** wurde das Kassen-Fuhrwesen für die **ostpreußische Armee** mobil gemacht in folgender Stärke:

1 Inspektor, 1 Wagenmeister, 2 Schirrmeister, 1 Schaffner

12 St.	6spännige Wagen	14 Knechte	24 Stangen	48 Vorderpferde
	zur Reserve	1 Knecht	1	1
	für die Offizianten			4
12	Wagen	15 Knechte	25 Stangen	53 Vorderpferde

---

[18] Die genauen Zahlen für die Ostpreuß., Südpreuß. und Reserve-Armee sh. Anlage 05. Die Zahlen für die schlesische Armee haben sich bisher nicht auffinden lassen.

[19] analog Fußnote 17

3.4 Das Feld-Post-Amt

Das Feld-Post-Amt wurde je Armee gebildet aus dem Feld-Post-Meister, 1 - 2 Feld-Post-Sekretärs sowie einer entsprechenden Anzahl an Postillions, Briefträgern und Post-Pferden.

Für das Feldpostamt des Ostpreußischen Corps d'armée waren im Mobilmachungsplan vom März 1800 ausgesetzt[20]:

1 Feld-Postmeister, 2 Post-Sekretärs, 15 Postillions und Briefträger und 11 Pferde.

3.5 Die Feld-Proviant- und -Bäckerei-Bedienten

Zu diesen Bedienten zählten je Armee 1 Ober-Proviant-Meister, je 1 Haupt-Magazin-Kassen-Rendant, - Buchhalter und -Kontrolleur, 1 Kassen-Diener, je 1 Haupt-Kassen-Rendant und -Kontrolleur sowie eine entsprechende Anzahl von Ober-Proviant-Kommissaren, Proviant-Kommissaren und Proviant-Offizianten[21].

3.6 Die Feld-Bäckerei und das Feld-Bäckerei-Fuhrwesen
3.6.1 Das Bäckerei-Personal

Zur Errichtung und Bedienung der eisernen Feld-Backöfen wurde je Arme an Bäckern und Maurern ausgeworfen:

Armee	Depot	Bäcker				Maurer		
		Ober-Backmstr.	Backmeister	Oberbäcker	Bäckerburschen	Meister	Poliere	Gesellen
Reserve	Berlin	1	3	10	143	1		10
	Magdeburg		3	8	115		1	8
		1	6	18	258	1	1	18
Schlesische	Breslau	1	10	30	430	1	1	30
	Berlin		2	8	114	1	1	8
	Stettin		2	5	72	1	1	5
		1	14	43	616	3	3	43
Südpreuß.	Glogau		4	10	143	1	1	10
	Posen	1	2	7	100	1	1	7
	Lenczyc		2	5	72			5
		1	8	22	315	2	2	22
Ostpreuß.	Königsberg	1	3	9	143	1	1	10
	Graudenz		8	24	330	1	1	23
		1	11	33	473	2	2	33
Gesamt		4	39	116	1662	8	8	116

[20] Schreiben des Rates Büttner aus Königsberg am 18.03.1800 an den Minister Freiherrn von Schröther

[21] gemäß der Instruktion für den Feld-Backmeister vom 16.09.1805 wurden auf einen Ofen 13 - 14 Bäckerburschen gegeben, wenn in dem Ofen 5mal in 24 h gebacken werden sollte. (Ribbentrop I)

Der obige Abwurf folgten den Grundsätzen: auf 3 Öfen 1 Backmeister und je Ofen 1 Ober-Bäcker, 14 $\frac{1}{3}$[22] Bäckerburschen und 1 Maurer.

Zur Führung des oben genannten Bäckereipersonals wurden je Armee noch ausgeworfen: 1 Direktor, 1 - 3 Train-Offiziere als Aufseher sowie 2 - 6 Proviantschreiber[23].

3.6.2 Die Organisation des Bäckerei-Fuhrwesens

Organisatorisch bildete ein Ofen mit den zugehörigen Requisiten und Wagen eine Backofen-Kolonne, bestehend aus

1	Backofenwagen	1	Requisitenwagen
12 (6)	Mehlwagen	1	Spriegelwagen
		15 (9)	6spännige Wagen gesamt

Bei einer Mobilmachung wurden die Backofen-, Requisiten- und Spriegelwagen mehrerer Backofenkolonnen zu einer Bäckerei- oder eisernen Backofen-Kolonne zusammengestellt. Die Mehlwagen mehrerer Backofenkolonnen wurden so zusammengefasst, dass eine Mehlwagen- oder Proviant-Kolonne aus 30 Mehlwagen und einem Spriegel- oder Reservewagen bestand. Um bei der Zusammenstellung der Mehlwagen- oder Proviant-Kolonnen immer die Zahl von 30 Mehlwagen zu erreichen, führten einzelne Backofenkolonnen nur 6 an Stelle der sonst üblichen 12 Mehlwagen.

Nachfolgend sind die Mobilmachungspläne für die Depots im Königsberg, Graudenz und Stettin aufgeführt:

I. Königsberg:

5 Inspektoren, 10 Wagenmeister, 20 Schirrmeister, 1 Kurschmied

Bäckerei-Kolonne No. 1, 2, 3, 4, 5, 6, 7, 8, 9 und 10 zu je

1	Backofenwagen				1	Requisitenwagen	
12	Mehlwagen				1	Spriegelwagen	
15 St	6spännige Wagen	30 Knechte	30 Stangen	60 Vorderpferde
1 St.	6sp. Feldschmiede	2 Knechte	2 Stangen	4 Vorderpferde
	zur Reserve	30 Knechte	22 Stangen	22 Vorderpferde
	für die Offizianten			36 Vorderpferde
151	Wagen	332 Knechte	324 Stangen	662 Vorderpferde

II. Graudenz

6 Inspektoren, 12 Wagenmeister, 24 Schirrmeister, 1 Kurschmied

Bäckerei-Kolonnen No. 1, 2, 3, 4, 5, 6, 7, 8, 9, 10, 11 und 12 zu je

1	Backofenwagen		1	Requisitenwagen
12	Mehlwagen		1	Spriegelwagen
15 St	6spännige Wagen	30 Knechte	30 Stangen	60 Vorderpferde

---

[22] gemäß der Instruktion für den Feld-Backmeister vom 16.09.1805 wurden auf einen Ofen 13 - 14 Bäckerburschen gegeben, wenn in dem Ofen 5mal in 24 h gebacken werden sollte.

[23] Die genauen Zahlen für die Ostpreuß., Südpreuß. und Reserve-Armee sh. Anlage 05. Die Zahlen für die schlesische Armee haben sich bisher nicht auffinden lassen.

Bäckerei-Kolonne No.13

1	Backofenwagen	1	Requisitenwagen
6	Mehlwagen	1	Spriegelwagen

9 St	6spännige Wagen	18 Knechte	18 Stangen	36 Vorderpferde
1 St.	6sp. Feldschmiede	2 Knechte	2 Stangen	4 Vorderpferde
	zur Reserve	38 Knechte	28 Stangen	28 Vorderpferde
	für die Offizianten			43 Vorderpferde
190	Wagen	418 Knechte	408 Stangen	831 Vorderpferde

III. Stettin

5 Inspektoren, 10 Wagenmeister, 20 Schirrmeister, 1 Kurschmied

Bäckerei-Kolonne No.14, 15, 16, 17, 18, 19, 20, 21, 22 und 23[24] zu je

1	Backofenwagen	1	Requisitenwagen
12	Mehlwagen	1	Spriegelwagen

15 St	6spännige Wagen	30 Knechte	30 Stangen	60 Vorderpferde
	zur Reserve	30 Knechte	22 Stangen	22 Vorderpferde
	für die Offizianten			36 Vorderpferde
150	Wagen	330 Knechte	322 Stangen	658 Vorderpferde

Für den **Feldzug von 1806** haben sich Angaben ermitteln lassen für die Depots:

Magdeburg

Der Capitain v.Herzberg, der die Backöfen in Magdeburg mobil machte, gibt in seinem Bericht[25], daß 6 Backöfen, 6 Requisiten-, 3 Spriegel-Wagen und eine Feldschmiede sowie 60 Mehl-und 2 Reservewagen und dazu an Train-Bediente, Knechte und Pferde 3 Inspektoren, 5 Wagen- und 11 Schirrmeister, 1 Kur- und Reitschmied, 171 Knechte, 510 Stück Pferde nach dem Etat angesetzt waren.

Dies entspricht 1 Bäckerei-Kolonne mit

6	Backofenwagen
6	Requisitenwagen
3	Spriegelwagen

15 St	6spännige Wagen	30 Knechte	30 Stangen	60 Vorderpferde;

Sowie 2 Mehlwagen-Kolonnen zu je

30	Mehlwagen
1	Spriegelwagen

31 St	6spännige Wagen	62 Knechte	31 Stangen	62 Vorderpferde
1 St.	6sp. Feldschmiede	2 Knechte	2 Stangen	4 Vorderpferde
	zur Reserve	15 Knechte	11 Stangen	11 Vorderpferde
	für die Offizianten			20 Vorderpferde
78	Wagen	171 Knechte	167 Stangen	343 Vorderpferde

---

[24] Capt. Herzberg gibt in seinem Bericht nur 5 Backöfen aus Stettin unter Führung des Capt. v.Wedel und Lieut. v.Below an. Ob die anderen 5 Öfen gleichfalls mobil gemacht wurden hat sich nicht ermitteln lassen.

[25] siehe Anlage 07

Glogau, Posen, Berlin und Stettin

Der Capt. v.Herzberg gibt in seinem Bericht 7 Öfen unter dem Capit. Reichhelm, (Train-Direktor in Glogau), 5 Öfen unter dem Rtm. von Krumm (Train-Direktor in Posen), 7 Öfen aus Berlin unter Capt. Voß[26] und 5 Öfen aus Stettin unter Capt. v.Wedel und Lieut. v.Below.

3.6.3 Das Bäckerei- und Mehlwagen-Kolonnen-Personal

Laut Mobilmachungsplan wurden für das **Bäckerei-Fuhrwesen** (eiserne Backöfen) je Armee 1 Train-Offizier sowie die entsprechende Anzahl an Inspektoren, Wagen- und Schirrmeistern ausgeworfen[27], wozu noch folgende Professionisten kamen:

Bäckerei-Fuhrwesen		Reit-Schmiede		Grob-Schmiede		Stell-macher		Sattler		Böttchermeister
Armee	Depot	Meister	Gesellem	Meister	Gesellem	Meister	Gesellem	Meister	Gesellem	
Reserve	Berlin	1	1	1	2	1	2	1	2	1
	Magdeburg				1		1		1	
		1	1	1	3	1	3	1	3	1
Schlesische	Breslau	1	1	1	3	1	3	1	3	1
	Berlin				2		2		2	1
	Stettin				1		1		1	1
		1	1	1	6	1	6	1	6	3
Südpreuß.	Glogau				1		1		1	1
	Posen	1	1	1	1	1	1	1	1	1
	Lenczyc				1		1		1	
		1	1	1	3	1	3	1	3	2
Ostpreuß.	Königsberg	1	1		2	1	1		1	1
	Graudenz			1	2		3	1	3	1
		1	1	1	4	1	4	1	4	2
Gesamt		4	4	4	16	4	16	4	16	8

Laut Mobilmachungsplan wurden für das **Mehlwagen-Fuhrwesen** je Armee 1 Direktor, 2 - 4 Train-Offiziere, 1 Rendant und 1 Kanzlist sowie die entsprechende

---

[26] Capt. Voß war Traindirektor in Königsberg. Wie Voß zur Führung von 7 Öfen aus Berlin gekommen ist, war nicht festzustellen.

[27] Die genauen Zahlen für die Ostpreuß., Südpreuß. und Reserve-Armee sh. Anlage 05. Die Zahlen für die schlesische Armee haben sich bisher nicht auffinden lassen.

Anzahl an Inspektoren, Wagen- und Schirrmeistern[28] ausgeworfen. Dazu kamen noch folgende Professionisten:

Mehlwagen-Fuhrwesen		Reit-Schmiede		Grob-Schmiede		Riemer		Stellmacher		Sattler		Böttchermeister
Armee	Depot	Meister	Gesellen	Meister	Gesellen	Meister	Gesellen	Meister	Gesellen	Meister	Gesellen	
Reserve	Berlin	1	2	1	3	1	2	1	2	1	2	2
	Magdeburg	1	1	1	2		1		2		1	1
		2	3	2	5	1	3	1	4	1	3	3
Schlesische	Breslau	3	4	2	5	1	4	1	5	1	4	4
	Berlin	1	2	1	3	1	2	1	2	1	2	2
	Stettin		1	1	2	1	2	1	2	1	2	2
		4	7	4	10	3	8	3	9	3	8	8
Südpreuß.	Glogau	1	2	1	3	1	2	1	2	1	2	2
	Posen	1	1	1	2	1	1	1	2	1	1	1
	Lenczyc		1		2		1		1		1	1
		2	4	2	7	2	4	2	5	2	4	4
Ostpreuß.	Königsberg	1	1	1	2	1	2		2	1	2	1
	Graudenz	1	5	1	6	1	3	2	4	1	3	4
		2	6	2	8	2	5	2	6	2	5	5
Gesamt		10	20	10	30	8	20	8	24	8	20	20

Maximal mobilmachbar waren damit für die Ost- und Südpreußische sowie die Reservearmee im Summe:

1.745 Mann Bäckerei-Personal, 73 eiserne Backöfen, 1.095 Wagen, 3.818 Knechte und 11.343 Pferde[29].

Die Kavallerie-Regimenter hatten grundsätzlich die Ober-Wagen-, Wagen- und Schirrmeister für den Artillerie- und Proviant-Train zu stellen. Die Inspektoren sollten schon seit 1793 seit nicht mehr von den Kavallerie-Regimentern gestellt werden, was wohl nicht vollumfänglich durchgesetzt werden konnte[30].

---

[28] Die genauen Zahlen für die Ostpreuß., Südpreuß. und Reserve-Armee sh. Anlage 05. Die Zahlen für die schlesische Armee haben sich bisher nicht auffinden lassen.

[29] wird der sich daraus ergebende Verteilerschlüssel je Backofen auf die 43 Öfen der schlesischen Armee angewendet, ergeben sich daraus 1.029 Mann Personal, 645 Wagen, 2.249 Knechte und 6.681 Pferde. Insgesamt konnte damit das Königreich Preußen rund 2.770 Mann Personal, 116 Backöfen, 1.740 Wagen, 6.065 Knechte und 18.025 Pferde für die Bäckerei mit zugehörigem Fuhrwesen mobil machen.

[30] Ribbentrop (I) S.113: „ … Das Mehlfuhrwesen … war in Kolonnen formiert, die ein invalider Wachtmeister der Kavallerie als Inspektor führte …" / Herzberg: „ … der Inspektor einer Kolonne, wobei die geringsten Unterschleife geschehen, sogleich in Arrest gesetzt, und als unfähig, diesen Posten vorzustehen, zu seinem Regiment zurück geschickt …"

Nachfolgend die von den Dragoner-Regimentern v.Auer No.6 und Esebeck No.8 im Januar 1804 bzw. Dezember 1803 zur Verwendung aufgezeichneten Individuen

Regiment	Grad	Name	Vorname	Alter	Dienstjahre	Vaterland	Inspektor	Wagen-Meister	Schirr-Meister	Schreiben	Rechnen	Polnisch
							Wozu sie sich qualif.			**Können**		
Dragoner-Regiment v.Auer	Gem.	Huber	Joseph	60	38	Württemberg			1	nein	nein	nein
	Gem.	Follhardt	Gottlieb	49	30	Württemberg			1	nein	nein	nein
	Gem.	Holwein	Friedrich	55	35	Württemberg			1	ja	ja	nein
	Uffz.	Praekau	Johann	56	38	Preußen		1		ja	ja	nein
	Uffz.	Sampel	Gottfried	47	25	Soldatensohn		1		ja	ja	nein
	Gem.	Praekau	Abraham	45	21	Preußen			1	nein	nein	nein
	Gem.	Mattukeit	Michel	47	27	Preußen			1	nein	nein	nein
	Gem.	Kayser	Ludwig	55	36	Soldatensohn			1	nein	nein	nein
	Gem.	Schmerglatt	Gottfried	47	26	Preußen			1	nein	nein	nein
	Gem.	Frischmund	Gottlieb	46	26	Soldatensohn			1	nein	nein	nein
	Gem.	Jann	Friedrich	48	27	Soldatensohn			1	nein	nein	nein
	Carab.	Donnerstag	Johann	42	21	Preußen		1		ja	ja	ja
	Uffz.	Fidler	Friedrich	49	32	Preußen		1		ja	ja	nein
	Uffz.	Mellentin	Christian	55	37	Preußen		1		etwas		nein
	Uffz.	Warsuhn	Ernst	40	20	Preußen		1		ja	ja	nein
	Carab.	Fischer	Christoph	53	32	Kurpfalz		1		ja	ja	nein
	Gem.	Pauluhn	Christoph	46	28	Preußen			1	nein	nein	nein
	Gem.	Hartmann	Dominicus	51	22	Schwarzwald			1	nein	nein	nein
	Gem.	Ziegenmayer	Christian	45	25	Nördlingen			1	nein	nein	nein
	Uffz.	Liedtke	Otto	48	26	Preußen		1		ja	ja	nein
	Gem.	Kuhr	Gottlieb	54	32	Preußen			1	nein	nein	nein
	Gem.	Mahler	Gottfried	51	25	Preußen			1	ja	ja	nein
	Uffz.	Schwartz	Gottlieb	49	29	Preußen		1		ja	ja	nein
	Gem.	Wagnersdorf	Lorentz	54	25	Salzburg			1	nein	nein	nein
	Gem.	Habell	Frantz	46	23	Böhmen		1		ja	ja	ja
	Gem.	Berger	Johann	49	23	Soldatensohn			1	ja	ja	nein
	Gem.	Damerau	Gottlieb	44	24	Danzig			1	ja	ja	nein
	Gem.	Aumüller	George	57	37	Kassel			1	nein	nein	nein
	Uffz.	Kaul	Johann	51	30	Polen		1		ja	ja	ja
DR Esebeck	Uffz.	Geredien	Ludwig	47	24	Mainz		1		ja	nein	nein
	Four.	Binsch	George Ch.	64	44	Preußen	1			ja	ja	nein
	Uffz.	Müller	Ernst	58	33	Preußen		1		ja	nein	nein
	Carab.	Lehmann	Casper	47	27	Pfalz			1	etw	nein	nein
	Gem.	Lehr	August	52	32	Mainz			1	as	nein	nein

Das ebenfalls zur Preußischen Inspektion gehörige Dragoner-Regiment v.Manstein No.10 wies für den Provianttrain nichts aus.

3.7 Die Feld-Lazarette

Das Feld-Lazarettwesen zerfiel in das stehende Lazarett und das Lazarett-Ambulant. Über das ganze Lazarettwesen der Armee wurden 1 erster Lazarett-Direktor, 1 General-Stabs-Chirurgus und 1 Ober-Lazarett-Inspektor gesetzt[31].

3.7.1 Das Stehende Lazarett

Das stehende Lazarett einer jeden Armee setzte sich zusammen aus 1 Direktor, mehreren Lazarett-Lieutenants sowie für

a) den medizinischen Teil: 1 General-Chirurgi, mehreren Ober-Stabs-, Stabs- und Ober-Chirurgi, einer verhältnismäßigen Anzahl an Chirurgen, Aufsehern und Krankenwärtern sowie 1 Instrumentenmacher

b) den ökonomischen Teil: 1 Vize-Lazarett-Inspektor, je 1 Lazarett-Kassen-Rendant, -Buchhalter und Kalkulator und -Kassen-Schreiber. Weiterhin je 1 Haupt-Lazarett-Sekretär, mehreren Lazarett-Schreiber und einer verhältnismäßigen Anzahl an Köchinnen und Wäscherinnen,

c) den pharmazeutischen Teil: je 1 Ober-Apotheker, 1 - 2 Feld-Apotheker, mehreren Apotheker-Gesellen und Handarbeitern.

d) den geistlichen Teil: je 1 Lazarett-Prediger und -Küster.

3.7.2 Das Lazarett Ambulant

Das Lazarett Ambulant[32] einer jeden Armee setzte sich zusammen aus 1 Train-Lieutenant sowie für

a) den medizinischen Teil: 1 Ober-Stabs- und mehrere Stabs- und Ober-Chirurgi, einer verhältnismäßigen Anzahl an Chirurgen, Aufsehern und Krankenwärtern

b) den ökonomischen Teil: 1 Lazarett-Inspektor, 1 Lazarett-Schreiber und einer verhältnismäßigen Anzahl an Köchinnen und Wäscherinnen,

c) den pharmazeutischen Teil: je 1 Feld-Apotheker, mehreren Apotheker-Gesellen und Handarbeitern.

3.7.3 Die Aufseher und Krankenwärter

Die Aufseher und Krankenwärter für die Feld-Lazarette waren von den Infanterie-Regimentern abzukommandieren. So hatten die Regimenter der ostpreußischen Armee nach Königsberg zu stellen:

Regiment	No.	Aufseher	Krankenwärter
Prinz Heinrich	35	-	8
von Pirch	22	4	9
von Puttkammer	36	4	9

---

[31] Die genauen Zahlen zu den Ausführungen unter Ziff. 3.7 für die Ostpreuß., Südpreuß. und Reserve-Armee sh. Anlage xx. Die Zahlen für die schlesische Armee haben sich bisher nicht auffinden lassen.

[32] v.d.Marwitz S.5: *„Um nur einen Punkt anzuführen, besaß die Armee Hohenlohe's keine anderen Lazarett-Anstalten, als ein einziges sogenannt fliegendes Feld-Lazarett von geringer Bedeutung..."*

Regiment	No.	Aufseher	Krankenwärter
von Owstien	7	3	9
von Borcke	30	-	9
von Brünneck	2	4	8
von Diericke	16	4	8
Prinz George Hohenlohe	14	4	8
von Schöning	11	4	8
von Courbiere	58	4	8
von Reinhardt	52	4	8
von Hanstein	51	4	9
von Langen	17	4	9
von Kalckreuth	4	4	9
von Natzmer	54	4	9
von Manstein	55	4	9
Graf Anhalt	53	4	9
Gesamt		59	146

Der Mobilmachungsplan weist aus, dass die Aufseher und Krankenwärter sowohl vom Militär (Ober-Kriegs-Kollegium) als auch aus dem Zivil (das jeweilige Provinzial-Departement) zu stellen sind. Allerdings sollten die Zivilisten zuletzt einberufen werden.

Die Köchinnen und Wäscherinnen waren ohnehin Zivilisten.

3.7.4 Das Feld-Lazarett-Fuhrwesen

Das **Fuhrwesen des stehenden Lazarett** bestand je Armee aus 1 Train-Inspektor, 1 Wagenmeister, mehreren Schirrmeistern, Knechten, Zug-und Reitpferden für die Train-Bedienten sowie einer entsprechenden Anzahl an 6- und 4spännigen Wagen.

Für den in Königsberg aufzustellenden „Stehende Lazarette Fuhr-Train" wurden detailliert ausgewiesen:

1 Train-Inspektor, 1 Wagenmeister, 3 Schirrmeister

4 St. 6spännige Wagen	8 Knechte	8 Stangen	16 Vorderpferde
9 St. 4spännige Wagen	9 Knechte	18	18
zur Reserve	1 Knecht	1	2
für die Offizianten			5
13 Wagen[33]	18 Knechte	27 Stangen	41 Vorderpferde

Das **Fuhrwesen des Lazarett Ambulant** bestand je Armee aus 1 Wagenmeister, 1 - 2 Schirrmeistern, mehreren Knechten, Zug-und Reitpferden für die Train-Bedienten sowie einer entsprechenden Anzahl an 6- und 4spännigen Wagen.

Für den in Königsberg aufzustellenden „Ambulierender Lazarett Fuhr-Train " wurden detailliert ausgewiesen:

---

[33] im einzelnen waren dies 4 St. 6spännige Apotheken-Wagen, 1 St. 4spänniger Apotheken-Beiwagen, 4 St. 4spännige Ökonomische Wagen und 4 St. 4spännige Chirurgische Wagen

1 Wagenmeister, 2 Schirrmeister

3 St. 6spännige Wagen	6 Knechte	6 Stangen	12 Vorderpferde
13 St. 4spännige Wagen	13 Knechte	26	26
zur Reserve	1 Knecht	1	1
für die Offizianten			3
16 Wagen[34]	20 Knechte	33 Stangen	42 Vorderpferde

3.7.5 Die Professionisten

Die beim **Fuhrwesen des Lazarett Ambulant** angestellten Professionisten waren folgende:

Lazarett Ambulant		Schmiede-Meister	Stellm.-Meister	Sattler-Meister
Armee	Depot			
Reserve	Berlin	1	1	1
	Magdeburg			
		1	1	1
Schlesische	Breslau	1	1	1
	Berlin			
	Stettin			
		1	1	1
Südpreuß.	Glogau			
	Posen	1	1	1
	Lenczyc			
		1	1	1
Ostpreuß.	Königsberg	1	1	1
	Graudenz			
		1	1	1
Gesamt		4	4	4

---

[34] im einzelnen waren dies 1 St. 6spänniger Apotheken-Wagen, 1 St. 4spänniger Apotheken-Beiwagen, 2 St. 6spännige Wagen, 8 St. 4spännige Wagen, 4 St. 4spännige Krankentransport-Wagen

4. Das monatliche Traktament und die Anzahl der Portionen und Rationen

Hierzu und an einmaligen Equipierungsgeldern wurden für die einzelnen Teile des Feld-Kriegs-Kommissariat gemäß Mobilmachungsplan ausgewiesen[35] für:

4.1 Feld-Kriegs-Kommissariat[36]

	Equipage Rtltr.	Feld-Traktament Rtlr.	Gr	Pf.	Ration tägl.	Portion tägl.
General-Intendant	330	100			16	8
Direktor	255	100			12	6
Mitglieder	235	50			6	3
Sekretäre	95	30			3	1
Kalkulatoren	85	20			2	1
Registratoren	85	20			2	1
Kanzlisten	50	15			2	1
Kopisten		10			1	1
Kanzlei-Diener		10				1

4.2 Feld-Kriegs-Kasse[37]

	Equipage Rtltr.	Feld-Traktament Rtlr.	Gr	Pf.	Ration tägl.	Portion tägl.
Feld-Kriegs-Zahlmeister	235	50			6	1
Buchhalter	95	25			2	1
Kassierer	95	25			2	1
Kassen-Schreiber	50	20			1	1
Kassen-Diener		10				1
Schaffner		10				1

---

[35] Diese Ausweisung entstammt einer Aufstellung des Geh. Rates Büttner vom 13.02.1803 für die Ostpreußische Armee.

[36] Die Mitglieder wurden durch Kriegs- und Domänenräte sowie die Sekretäre, Kalkulatoren und Registratoren durch die entsprechenden Funktionsträger bei den Kammern gestellt. Die Kanzlisten und Kopisten stellten die Kanzlisten, Kopisten und Schreiber der Kammern und Kreise.

[37] Die Zahlmeister-Stelle wurde durch den Regiments-Quartiermeister Lindemann besetzt, welcher eine Kation von 4.000 Talern hinterlegen konnte. Die Stelle des Buchhalters besetzte der Kammer-Kalkulator Gessler und die des Kassierers der Provonzial-Revenüen-Kassen-Kontrolleur Lickfeldt, beide von der Kammer in Plock sowie beide fähig, je 1.000 Taler Kaution zu hinterlegen. Die Kassen-Schreiber waren der Kanzlist Hesse vom Magistrat in Königsberg und der gewesene Bürgermeister Gelgorz aus Kowalewo. Die Kassen-Diener-Stelle war noch nicht vorbesetzt und wurde das dazu nötige Individuum eintretenden Falls durch den Zahlmeister bestimmt und angenommen.

4.3 Feld-Proviant- und -Bäckerei-Bediente

4.3.1 bei den Magazinen[38]

	Equipage Rtltr.	Feld-Traktament Rtlr.	Feld-Traktament Gr	Feld-Traktament Pf	Ration tägl.	Portion tägl.
Ober-Proviant-Meister	120	30			4	2
Haupt-Magazin-Kassen-Rendant	95	30			4	1
Haupt-Proviant-Kassen-Rendant	95	30			2	1
Haupt-Kassen-Buchhalter	85	25			2	1
Haupt-Kassen-Kontrolleur	85	20			2	1
Kassen-Diener		10				1
Ober-Proviant-Kommissar	95	20			3	1
Proviant-Kommissar		15			2	1
Proviant-Offiziant		10			1	1

4.3.2 bei der Bäckerei[39]

	Equipage Rtltr.	Feld-Traktament Rtlr.	Feld-Traktament Gr	Feld-Traktament Pf	Ration tägl.	Portion tägl.
Direktor	150	50			6	3
Proviant-Kommissar		15			2	1
Proviant-Schreiber		10			1	1
Ober-Backmeister		15			1	1
Backmeister		10			1	1
Ober-Bäcker		8				1
Bäckerbursche		6				1
Maurer-Meister		8				1
Maurer-Polier		6				1
Maurer-Gesellen		6				1

---

[38] Die Ober-Proviant-Meister-Stelle besetzt der Ober-Proviant-Meister Kriegs-Rat Schütz aus Königsberg; die Kassen-Stellen, verbunden mit einer Kautionsgestellung zwischen 500 und 2.000 Talern, besetzen Angestellte bei den Kammern und Magazinen; die Proviant-Kommissar-Stellen in den Magazinen wurden mit Magazinieuren sowie Rats- und Kammerangestellten, die zum Verschicken mit Bürgermeistern besetzt. Die Proviant-Offizianten stellten gleichfalls die Kammern, Kassen und Kreise.

[39] Die Bedienten wurden von den Kammern und Kreisen gestellt, die Bäcker und Handwerker vom Departement.

4.4 Lazarette
4.4.1 Medizinisches und ökonomisches Personal[40]

	Equi page Rtltr.	Feld-Traktament			Ra- tion tägl.	Por- tion tägl.
		Rtlr.	Gr	Pf.		
Direktor	150	50			6	3
General-Chirurgus	120	60			6	4
Ober-Stabs-Chirurgus	75	40			4	2
Stabs-Chirurgus	50	30			2	2
Ober-Chirurgus	30	20			2	2
Vice-Ober-Lazarett-Inspektor	120	40			4	2
Lazarett-Inspektor	30	20			2	2
Lazarett-Kassen-Rendant	50	30			2	2
Buchhalter und Kalkulator	30	15			2	2
Kassierer und Kontrolleur	30	15			2	2
Kassen-Schreiber		15			1	1
Lazarett-Prediger	30	15			2	2
Küster		5			1	1
Chirurgus		7				1
Aufseher (Militär und Zivil)		10				1
Krankenwärter, Köchin, Wäscherin		4				
Lazarett-Sekretär		25			1	2
Lazarett-Schreiber		15			1	1

4.4.2 Pharmazeutisches Personal[41]

	Equi page Rtltr.	Feld-Traktament			Ra- tion tägl.	Por- tion tägl.
		Rtlr.	Gr	Pf.		
Ober-Apotheker		50			2	2
Feld-Apotheker		30			2	2
Apotheker-Geselle		15				1
Instrumentenmacher		10				1
Handarbeiter		5				1

[40] Die Kassen-Angestellten (außer dem Schreiber) hatten auch hier 500 - 2.000 Taler an Kaution zu hinterlegen. Die Inspektoren wurden durch Kanzlei- und Kammer-Sekretäre, Polizei-Bürgermeister u.ä. gestellt, die Aufseher durch Stadt- und Amts-Wachtmeister sowie Schreiber, Kanzlisten und einfache Bürger.

[41] Die Apoth.-Gesellen stellten die Departements. Anmerkung zum Instrumentenmacher: *„Hierzu existiert kein taugliches Subjekt in Preußen, und würde also von Berlin anhero zu schicken sein."*

4.5 Fuhrwesen und sonstige Bediente[42]

	Equipage Rtltr.	Feld-Traktament Rtlr.	Gr	Pf.	Ration tägl.	Portion tägl.
Train-Offizier	120	25			4	2
Inspektor		15				1
Wagenmeister		8				1
Schirrmeister		6				1
Handwerks-Meister		6				1
Handwerks-Geselle		4				1
Feld-Prediger	85	15			2	1
Ober-Chirurgi		15				1
Chirurgi		7				1

Auf **1 Knecht** beim Kommissariat wurden monatlich ausgewiesen an:

Traktament	2 Tl.	12 Gr.	— Pf
Kleinem Montierungsgeld	—	2	—
Fleischgeld	—	6	9[43]
Medizingeld	—	—	6 ;

dazu täglich 1 Portion

---

[42] Die Train-Offiziere, insofern nicht bereits fest angestellt, wurden vom Ober-Kriegs-Kollgium vorgeschlagen und vom König bestätigt. Die Inspektoren, Wagen- und Schirrmeister wurden vom Ober-Kriegs-Kollegium bestellt und die Handwerker von den Departements gestellt. Bei den Handwerkern wurde für Ostpreußen die folgende Einschränkung angezeigt: *„Außer in den Landesgestüten sind keine Schmiede vorhanden, die von Pferde-Kuren gründliche Kenntnis haben, weshalb solche wohl von dem Berliner Institut anhero zu gesellen sein würden."*

[43] Das Pfund Fleisch wurde zu 1 Gr. 6 Pf. vergütet (sh. Anlage 01). Danach entsprachen 6 Gr. 9 Pf. genau 4 1/2 Pfund Fleisch.

5. Die Portionen und Rationen

5.1 Die Portionen

Eine tägliche **Brotportion**[44] beinhaltete 2 Pfund (937 g) Brot oder 1 Pfund Zwieback (468 g) und war an jeden zu reichen, der gemäß Mobilmachungsplan Anspruch darauf hatte.

Das **Brot** für die Armee war in den mitgeführten eisernen Öfen[45] zu backen.

Es handelte sich dabei um ein Sauerteigbrot aus Roggen zu 6 Pfund (ca. 2.800 g) bzw. 3 Portionen[46].

Jeder Ofen konnte 200[47] Stück Brote fassen und die Bäcker waren verpflichtet, 4 - 5mal in 24 h zu backen. Bei einer forcierten Verbackung sollte ein 6maliges Backen möglich sein[48], musste aber gesondert vergütet werden[49].

Bei 5maligen Backen und 200 Broten je Backgang stieß 1 Ofen in 24 h 1.000 Brote zu je 6 Pfund oder 3.000 Portionen aus.

Für die Herstellung des Teiges wird auf 1 Pfund Mehl $1/2$ Pfund Wasser gerechnet, welches 1 $1/3$ Pfund ausgebackenes Brot ergibt.

Für die genannten 1.000 Brote werden somit 10 Scheffel oder 750 Pfund Mehl und 375 Pfund Wasser benötigt.

Ein Mehlwagen war mit 5 Faß à 450 Pfund Mehl beladen und lieferte damit den Mehlvorrat für 1 Ofen von 3 Tagen. Die 12 (6) zu 1 Ofen gehörenden Mehlwagen transportierten damit bei reiner Mehlbeladung einen Vorrat von 36 (18) Tagen.

---

[44] Für vertiefende Ausführungen zum Thema Bäckerei in dieser Zeit möchte ich auf das Werk von Weinberg/Schrapel von 1791 verweisen.

[45] Zur Aufstellung und Ausheizung der Öfen sehe Anlage 09

[46] Vom 27.10. bis 02.11.1806 sind von dem Proviantmeister Anderson und Oberbackmeister Dudda in Königsberg Backversuche mit aus Roggen und Gerste gemischten Mehl unternommen worden, wozu 18 Scheffel Gerste angekauft wurden. Die Mischungen bestanden aus geschroteten bzw. gebeuteltem Roggenmehl und gebeuteltem Gerstenmehl im Verhältnis 66:33 bzw. 50:50. Das Verhältnis 50:50 wurde als das beste erkannt. Der Hauptsauer ging jedesmal 5 h.

[47] Nach Weinberg/Schrapel (S. 93) im Frieden 200 Stück, im Krieg war 170 - 180 Broten zu rechen. / Handbuch Pionierdienst (Anlage 09): *„Es finden alsdann in demselben 180 bis 190 Stück Brote Platz."* / Instruktion Backmeister 180 - 190 Brote.

[48] Ribbentrop (I, S. 362) hat am 17.07.1812 im Gouvernement Wilna einen Backversuch mit 2 Öfen unternommen, in dessen Ergebnis er das 5malige Backen in 24 h als das Äußerste, was zu leisten sei, feststellte.

[49] Weinberg/Schrapel : *„ ... so bald aber die Bäckerei ... forciert wird, sechsmal in vier und zwanzig Stunden zu backen, so sind die Bäckerbursche nicht schuldig, diese sechsmalige Verbackung zu verrichten, und wird diese denen Bäckerbuschen bar bezahlt; es ist ein sehr seltener Fall .."* / Herzberg (Anlage 07): *„ ... nach dem mir erteilten Befehl sollte bei großer Verantwortung alles aufgeboten werden, um so viel Brot wie möglich zu schaffen. Daher ich jedem Ofen 2 Reichstaler Belohnung versprach, wenn die Leute sich so anstrengen würden, daß sie statt der sonst gesetzmäßigen fünfmal sechsmal backen würden, welches auch geschah."* / Laut Instruktion für den Backmeister wurde ein 6maliges Backen in 24 h hauptsächlich durch der Verkürzung der Gehzeit des Hauptsauers von 4 auf 3 $1/2$ h und geschickte Bäcker möglich.

Ein eiserner Ofen benötigte für das Aufstellen und Aufmauern 3 - 6 h und für das An- und Ausheizen nochmals 3 - 6 h[50]. Aufgrund des Wasserbedarfs war eine Aufstellung an einem Fluß, Bach oder See zwingend notwendig.

Zur Brotversorgung wurden auf ein Korps von 20.000 Mann 10 Öfen gerechnet.

Nachdem die 10 Öfen in Tätigkeit gesetzt wurden, schaffen sie jede 24 h theoretisch 30.000, praktisch (sh. Anm. 46) 27.000 Brot-Portionen. Dieser Überschuss war Voraussetzung, um die Bäckerei bei Notwendigkeit auch verlegen zu können. Nach obigen Zahlen musste die Bäckerei 6 Tage durchbacken, um einen Brotvorrat für eine 2tägige Verlegung zu erzeugen. Von den so „erarbeiteten" 48 h waren für das Abbrechen 3 h und für den Wiederaufbau bis zum möglichen Beginn des Backens 12 h abzuziehen. Damit bleiben für eine Verlegung 33 h übrig, die in Abhängigkeit des Zustandes der Pferde und der Wege für eine Strecke von um die 75 km[51] ausreichen sollten.

Für den Feldzug von 1806 liegt der Bericht des Capt. Herzberg (sh. Anlage 07) vor. Dieser beschreibt, dass am 13.10.1806 früh seine 11 Öfen bei Ober-Weimar fertig waren und dass er bereits gegen Mittag Brot an die Regimenter ausgeben konnte *„so wie es aus dem Ofen kam"*. Da das Brot 2 h im Ofen bleiben muss, hat das Backen bei seinen Öfen gegen 10 Uhr angefangen. Am 14.10.1806 gegen 16:30 Uhr wurden die Öfen dann wegen der Annäherung des Feindes niedergerissen. Herzbergs Männer hatten damit effektiv 30,5 h Zeit zum Backen. Beim 6maligen Backen sind in dieser Zeit 8 Backgänge (den 12:00 Uhr am 13.10. beendeten eingeschlossen) möglich. Bei 180 Broten je Backgang kommen damit in dieser Zeit aus einem Ofen 1.440 Brote, was bei 11 Öfen 15.840 Brote ausmacht. Wenn gegen 16:00 Uhr noch 15.000 Brote vorrätig waren, sind an die Truppe gerade einmal 840 Brote oder rund 2.500 Portionen ausgegeben worden.

Für die Lazarettbedürfnisse konnten auch **Semmeln** aus Weizenmehl gebacken werden, wozu jedoch das Mehl gesondert angewiesen wurde.

Zum **Zwieback** wurde ein Sauerteig von Roggen und Weizen (2:1 oder 1:1) zu runden Broten à 2 2/8 Pfund geformt und bis auf 2 Pfund ausgebacken, dann aus dem Ofen gezogen, in der Mitte durchgeschnitten und jede Hälfte mit einem Kreuzschnitt im Rücken versehen und wieder für 6 h in den Ofen geschoben. Im Ergebnis mussten diese 2 Brotteile dann die Härte einer Brotrinde haben und auf 1 Pfund Gewicht ausgedörrt sein[52]. Aufgrund der langen Backzeit wurde im Feld selten Zwieback hergestellt.

---

[50] die Instruktion für den Backmeister gibt 3 h, Ribbentrop (I) 6 h

[51] Herzberg (Anlage 07) beschreibt, dass er am 09.10.1806 nach Erfurt befohlen wurde, gg. 20:00 Uhr in Weimar aufbrach und am 10.10. früh 07:00 Uhr in Erfurt eintraf; seine Kolonnen für die rund 30 km 11h benötigten. Den am Mittag des 10.10. angetretenen Rückweg musste er unterbrechen, da die Pferde zu sehr angegriffen waren. Daraus ergibt sich ein Durchschnitt von 2 - 3 km/h.

[52] Der Zwei- oder Zwieback hatte eine Haltbarkeit von über 50 Jahren. Nach Weinberg/Schrapel wurden im Feldzug von 1778 Fässer mit Zwieback mitgeführt, die die preuß. Feldbäckerei 1761 bei Torgau gebacken hatte

Seit 1790[53] sollten dem Mann für ein halbes Pfund Brot 6 Loth **Reis** gereicht werden und zwar derart, dass die gewöhnliche Feldration dann 1 1/2 Pfund Brot und 6 Loth Reis betrug. Die bisherige 3tägige Brot-Portion in Form eines 6pfündigen Kommiß-Brotes, wurde auf 4 Tage unter Hinzuziehung von 24 Loth Reis gerechnet. Eine verhältnismäßige Quantität Reis, in Mehlfässern verpackt, sollte auf den Mehlwagen beständig mitgeführt werden.

Die **Fleischportion** beinhaltete für jeden Soldaten den Anspruch auf 1 Pfund[54] Fleisch in der Woche bzw. 4 1/2 Pfund im Monat[55] und wurde zu je 1/2 Pfund, also 2x die Woche, ausgegeben. Die Beschaffung und Ausgabe dieser Portion lag in der Verantwortung der Regimenter. Das Kommissariat war hier lediglich unterstützend tätig und hatte die Voraussetzungen zu schaffen, dass die Regimenter mit den Händlern in Kontakt kamen.

Damit die Regimenter weitere Viktualien erlangen konnten[56], hatte das Kommissariat besonders bei Standlägern für die Abhaltung von Märkten zu sorgen und darüber die Aufsicht zu führen.

Die Verpflegung der Kranken in den Feld-Lazaretten war gesondert reguliert[57].

5.2 Die Rationen

Eine **Ration**[58] (Berliner Maß) umfasste für die

Schwere Ration:	3 3/4 Metzen Hafer	4 Pfund Heu
	3 Pfund Stroh	
Leichte Ration	3 1/4 Metzen Hafer	4 Pfund Heu
	3 Pfund Stroh	

Die Rationen wurden entweder durch die Magazine ausgegeben oder durch Fouragierungen der jeweiligen Partei[59] beschafft.

---

53 Instruktion vom 06.05.1790: „*daß es der Gesundheit der Soldaten sehr zuträglich sein müsse, wann derselbe statt des beständigen Brotgenusses, zuweilen mit einer guten Kochspeise versehen wird, um sich dadurch mit warmer Kost erquicken zu können; so haben Allerhöchste Dieselben in Gnaden zu befehlen geruhet, daß … ansehnliche Vorräte von Reis … angeschafft werden sollen.*"

54 Kriegsartikel für die Knechte (Anlage 01)

55 Mobilmachungsplan für das Regiment v.Möllendorf No. 25 von 1801 (Heft 6 dieser Reihe)

56 die Regimenter und Bataillone hatten auch zugeteilte Marketender, die den Bedarf an Bier, Branntwein, Graupen, Grütze, Kartoffeln, Salz etc. zu billigen Preisen decken sollten.

57 Instruction für die Regimenter und Bataillons wie es bei entstehendem Kriege in Ansehung der Kranken, ihrer Absendung in das Feldlazarett, ihrer Verpflegung und Rückkunft zu den Regimentern gehalten werden soll; Berlin, den 18ten May 1790

58 aus Weiße; Weinberg/Schrapel geben 1791 die schwere mit 3 und die leichte mit 2 2/5 Metzen Hafer, dazu jeweils 8 Pfund Heu, 8 Metzen Häcksel und 6 Pfund Streustroh; Ribbentrop (II / Regulativ über die Feldverpflegung vom 30.06.1809) gibt die gleichen Hafermengen wie Weiße, aber 3 Pfund Heu und 4 Pfund Stroh.

59 sh. hierzu u.a. Instruktion für die Cavallerie-Regimenter betreffend die Ordnung und Mannszucht im Felde vom 12.03.1790; hier besonders §§ 9 und 10 (Instruktion für die Infanterie-Regimenter und Füsilier-Bataillons analog - Hefte 1 und 2 dieser Reihe)

6. Die Uniformierung

6.1 Die Uniformierung des Trains[60]
6.1.1 Die Train-Offiziere

1798 dunkelblauer Rock mit gleichfarbigen Aufklappen, roten schwedischen Aufschlägen, rotem Stehkragen, rotem Unterfutter und silbernen Knöpfen; gerade Taschenpatten in Taillenhöhe; jeweils 8 Knöpfe auf jeder Brustklappe, 2 unter jeder Taschenpatte und je 1 auf dem Taillenschluß. Seit 1805 war der Brustausschnitt nur noch ganz gering und nur noch ein kleiner Teil der Weste zu sehen. Die Brustklappen waren zum Übereinanderknöpfen eingerichtet.

Weiße bis zur Taille reichende einreihige weiße Westen; weiße, enganliegende Lederhosen; hohe schwarze Stulpenstiefel mit Anschnallsporen. Ab 1805 graue Überknöpfhosen mit rotem Vorstoß.

Schwarzer Filzhut mit silbernem Tressenbesatz, schwarzer Bandkokarde, Agraffe und Knopf; Kordons und Quästchen; die Traindirektoren eine breitere Tresse als die übrigen Trainoffiziere.

Die Trainoffiziere trugen die Offiziersschärpe bis 1805 unter und ab 1805 über dem Rock; die Quasten hingen hinter dem Degen. Am Degen das silberne Offizierssportepee der Infanterie; der Degen mit brauner Lederscheide; brauner Rohrstock mit goldenem Knopf und goldenen Zwinge. Handschuhe von weißem Waschleder mit großen Stulpen.

6.1.2 Die Train-Inspektoren

Dunkelblaue Röcke (nach dem Schnitt der Train-Offiziere) mit dergleichen Kragen und Aufschlägen; Weste und Beinkleider von grau-blauem Tuch; silberne Knöpfe. Schwarzer Filzhut mit schmaler silberner Tresse. Offiziersdegen mit Portepee von grau und gold; Handschuhe und Stock wie die Offiziere.

6.1.3 Die Train-Bedienten

Die Wagen- und Schirrmeister sowie Reitschmiede und Handwerksmeister trugen ab 1790 graue Röcke mit weißem Unterfutter, Kragen und runde Aufschläge in Rockfarbe; 8 silberne Knöpfe auf jeder Aufklappe und 2 auf der Taille. Mit AKO vom 07.06.1806 wurden blaue Röcke mit rotem Unterfutter und hellblauem Tuchkragen eingeführt. Dazu weiße einreihige Westen, kalblederne enge Hosen und bis über das Knie reichende schwarzlederne Stulpenstiefel mit Anschnallsporen, für Handwerksmeister Stiefeletten.

Zur Auszeichnung hatten die Wagenmeister und seit 1805 auch die Schirrmeister Tressen auf den Ärmeln, seit 1805 die Wagenmeister auch noch einen Tressenbesatz auf dem Kragen.

Schwarzer Filzhut mit schwarz-weißen Kordons, bei den Wagen- und Schirrmeistern mit silbernem Tressenbesatz und silbernem Knopf; der Wagenmeister noch den schwarz-weißen Unteroffiziers-Hutpuschel.

---

[60] soweit nicht anders ausgewiesen nach Kießling

Laut den Instruktionen für den Wagen - und den Schirrmeister standen diesen an Montierungsstücken zu:

Ein blauer Rock mit großem runden Aufschlag und stehenden Kragen
Eine dergleichen Weste, beides rot gefüttert mit weißmetallenen Knöpfen

Ein schwarzer Hut	Ein paar kalblederne Hosen
Ein paar zwillichne Hosen	Ein paar Stiefeln
Ein Mantelsack	Ein Pallasch nebst Gehänge

Alle Train-Bedienten trugen den kurzen Artillerie-Pallasch in einem gelbledernen Infanterie-Koppel um den Leib und einer schwarz-weißen Unteroffiziers-Troddel; dazu weiße Handschuhe und Stock; die Wagen- und Schirrmeister noch einen Kantschu.

Nach Jany hatten die Oberbäcker um den Kragen eine schmale Silbertresse.

6.1.4   Die Knechte und Handwerksgesellen

Graue einreihige Röcke, Kragen und runde Aufschläge; weißes Unterfutter und Knöpfe. Weiße einreihige Westen. Mit AKO vom 07.06.1806 wurden blaue Röcke mit rotem Unterfutter und hellblauem Tuchkragen eingeführt. Dazu kalblederne enge Hosen und bis über das Knie reichende schwarzlederne Stulpenstiefel mit Anschnallsporen, für die Handwerksgesellen Stiefeletten.

Schwarzer Filzhut ohne Krempeneinfassung mit weißen Kordons und silbernem Knopf; vermutlich bei den Knechten wie bei der Artillerie daran eine schwarze Blechtafel, worauf mit weißer Ölfarbe der Truppenteil und die Nummer des Fahrzeugs vermerkt war[61].

Für eine Knechtsuniform wurden an Material gegeben[62]:

1 Rock[63]	mit		4 Tl.	15 Gr	3 Pf
	4 3/8 Ellen	Tuch			
	5 1/4 ′′	Boy zum Rockfutter			
	2 ′′	Leinwand zu Ärmelfutter und Taschen			
	1 1/2 Dutzend große Knöpfe				

---

[61] Rauch: „... *Die Stückknechte hockten mit emporgezogenen Knien und ganz kurzen Bügeln auf den Sattelpferden. Sie trugen vorn auf ihrem Zweispitz eine schwarze Blechtafel, worauf mit weißer Ölfarbe ihr Geschütz und ihre Batterie bemerkt war. Ihr langer blauer, bis über die Knie reichender Rock war ganz mit roter Wolle gefüttert und waren die Schöße zurückgeschlagen. Ihre Beine steckten in gelben kurzen Lederhosen und rot juchtenen Fuhrmannsstiefeln....*"

[62] Auswurf für einen Artillerieknecht des Regiments von Möllendorf No. 25 von 1801.

[63] **zum Vergleich**: für eine Unteroffiziermontur des Regiments v.Möllendorf No. 25 (die im Grundschnitt der Gemeinenmontur gleich war) werden 1 3/4 Ellen blaues Tuch; 1/4 Elle rotes Tuch zu Kragen, Klappen und Aufschlägen, 3/4 Elle roter Futterboy; 1 Elle Werbtuch zu Leibfutter; 3/4 Elle Leinwand zu Ärmelfutter; 1/4 Elle weißes Tuch zu Westenteilen, 3/8 Elle Leinwand zu Futter gegeben, was zeigt, dass es sich bei den Röcken der Trainbedienten um Überröcke oder so genannte Roquelars handeln muss.

1 Weste mit Ärmeln mit	1 ''	22 ''	9 ''

      2 Ellen   Tuch

      3 1/4 ''   Leinwand

      1 1/3 Dutzend kleine Knöpfe

1 Hut	- ''	12 ''	- ''
1 paar kalblederne Hosen	2 ''	- ''	- ''
1 paar zwillchene Überzieh-Hosen, dazu 2 1/2 Ellen	- ''	15 ''	- ''
1 paar Stiefeln	3 ''	8 ''	- ''
1 paar Strümpfe	- ''	10 ''	- ''
2 Hemden	1 ''	- ''	- ''
Gesamt	14 Tl.	11 Gr.	

Dazu an Feldequipage 1 Brotbeutel	- ''	3 ''	- ''

und eine Halsbinde mit Pappstreifchen von rotem Etamin.

Die Knechte waren nicht bewaffnet.

6.1.5   Die Knechte des Kassenfuhrwesens

Abweichend zu den Ausführungen unter Punkt 6.1.4 trugen die Knechte des Kassenfuhrwesens schwarze Röcke.

6.2   Die Feld-Post

Die Feld-Postbeamten trugen blaue Röcke nach dem Schnitt der Train-Offiziere mit dergleichen Aufklappen, orangenen Kragen, Unterfutter und schwedischen Aufschlägen; goldene Knöpfe.

Blaue Westen mit Stickerei; weiße, enganliegende Lederhosen; hohe schwarze Stulpenstiefel mit Anschnallsporen[64]; schwarzer Hut mit Tressenbesatz, Knopf und Tressen-Agraffe von Gold; Offiziersdegen mit brauner Lederscheide, weiße Handschuhe mit hohen Stulpen und Stock[65].

Die Feld-Postillions blauen Rock mit dergleichen Unterfutter, Aufklappen und Aufschlägen nach Schnitt der Wagen- und Schirrmeister mit orangenem Kragen. Jeweils 6 messingne Knöpfe auf den Aufklappen und 2 auf den Aufschlägen; messingfarbener preußischer Adler auf der linken Brust. Schwarzer Hut mit messingnem Knopf und schwarzer Bandkokarde. Kalblederne Hosen und hohe Stulpenstiefel mit Anschnallsporen. Säbel mit eisernem Gefäß und Beschlägen in schwarzer Lederscheide; messingnes Posthorn mit Banderole und orange-silbernen Quasten[66].

Zur Frage, wie sich die Briefträger von den Postillions unterschieden, ist nichts näheres bekannt.

---

[64] ob auch sie 1805 graue Überknöpfhosen erhielten, ist nicht bekannt.

[65] der Zustand der kgl. preuß. Armee zeigt noch eine orangene Leibschärpe mit silbernen Fransen

[66] die Beschreibung entspricht im Weitesten der Abbildung im Zustand. Diese Abbildung zeigt auch beim Postillion eine orangene Leibschärpe, an der sich vorn eine Kartusche mit dem messingen Namenszug FR befindet.

6.3 Das Feld-Lazarett

Die Chirurgen trugen blaue Röcke mit dergleichen Kragen, Aufklappen und schwedischen Aufschlägen; rotes Futter; silberne Knöpfe. Rote, in Silber bestickte Westen. Weiße Hosen; schwarze Stiefel; schwarzer Hut mit silbernem Knopf und Tressen-Agraffe; schwarze Bandkokarde. Weiße Handschuhe mit hohen Stulpen; Offiziersdegen; Stock.

Die Generalstabs-Chirurgen einen dergleichen Rock, auf den Aufklappen mit je 6 und darunter je 2 sowie auf den Aufschlägen mit je 2 gestickten Schleifen in Silber besetzt. Blaue Westen mit Stickerei in Silber und blaue Beinkleider. Schwarze Hüte mit silbernem Besatz, Agraffe und Knopf; schwarze Bandkokarde. Offiziersdegen mit silbernem Gefäß und brauner Lederscheide; weiße Handschuhe mit hohen Stulpen und Stock; schwarze Stiefel. Offiziersdegen mit schwarzer Lederscheide; weiße Handschuhe mit hohen Stulpen und Stock; schwarze Stiefel.

Die Feld-Apotheker trugen blaue einreihige Röcke mit dergleichen Kragen und schwedischen Aufschlägen und goldenen Knöpfen. Rote, mit Gold bestickte Westen und rote Beinkleider. Schwarzer Hut mit Stickerei in Gold, goldenem Knopf und Tressen Agraffe; schwarze Bandkokarde.

6.4 Die von den Kammern und Departements gestellten Offizianten

Aus der Anlage 05 sind diejenigen zu ersehen, die von den Kammern etc. zum Feld-Etat des Kommissariats gesetzt wurden.

Die Kammern etc. verfügten über eigene Uniformen in den verschiedensten Ausprägungen. Mit Reglement vom 14.02.1804 wurde der erste Schritt zur Vereinheitlichung der Zivil-Uniformen bei den Provinzial-Landes-Kollegien unternommen.

Die gewöhnliche Dienstuniform bestand aus einem blauen einreihigen Rock, mit roten runden Aufschlägen und Kragen, weißem Unterfutter; jederzeit heruntergeschlagenen Schößen, vorn 8 Uniform-Knöpfe, die soweit heruntergehen, dass bei zugeknöpftem Rock nicht mehr als 2 Westenknöpfe zu sehen sind. Kragen und Aufschläge sind gestickt, dergleichen die Taschenpatten. Dazu weiße Unterkleider und ein leichter Infanterie-Offiziers-Degen mit blau-goldenem Portepee.

Dreieckiger Hut mit schwarzer Kokarde, kleiner Tressen-Litze und Uniformknopf, ohne Kordons.

An Stelle dieser Uniform können auch einfache blaue Röcke, ohne farbige und gestickte Aufschläge und Kragen, Uniformknöpfen und blauem Unterfutter sowie Unterkleidern nach Gefallen getragen werden.

Zu den Gala-Uniformen erhalten

a) die Kriegs- und Domänen-Kammern: Dunkelblaue Röcke mit scharlachroten Aufschlägen und Kragen; die Epauletts, Stickereien und Knöpfe in Gold

b) die Landes-Justiz-Kollegien (Kammer-Gericht, Regierung, Hof-Gericht): Dunkelblaue Röcke mit scharlachroten Aufschlägen und Kragen; die Epauletts, Stickereien und Knöpfe in Silber

c) Die Akzise-Direktionen: Dragonerhellblaue Röcke mit scharlachroten Aufschlägen und Kragen; die Epauletts, Stickereien und Knöpfe in Gold

Zur Abstufung wurde festgelegt:

1) die Präsidenten und Vizepräsidenten sowie alle ihnen gleich oder höher Gestellten erhalten allein zwei Epauletts. Die Epauletts sind denen der Gutsbesitzer gleich mit herabhängenden Candillen und aufgesticktem preußischen Adler.

2) Die Präsidenten, Vizepräsidenten, Direktoren und Vizedirektoren erhalten eine breite Stickerei auf den Aufschlägen, Karen und Patten. (Sh. Abb. 01)

3) Eine etwas schmalere Stickerei erhalten die wirklichen Räte des Kollegiums, unabhängig davon, ob sie zugleich andere Titel von Geheimen-, Kriegs-, Justiz- etc. Räten führen.

4) Eine noch schmalere Stickerei erhalten die Kriegs- und Steuer-Räte, wirkliche Kammer-Räte, kammer-Assistenz-Räte, Mitglieder der Medizinal-Kollegien, die kriminal-Pupillen- und Kreis-Justiz-Räte wie auch Kammer- und Regierungs-Assessoren und die Provinzial-Bau-Direktoren

5) Die schmalste Stickerei erhalten sämtliche Referendarien und Auscultatoren sowie die Land- und Wasserbau-Inspektoren. (sh. Abb. 02)

Das Reglement bestätigte auch die Beibehaltung der bereits vorhandenen Zivil-Uniformen. Für das Kommissariat von Interesse sind hierbei:

- Die Postuniformen: dunkelblaue Röcke; orangener Kragen und Aufschläge; goldene Knöpfe

- Die Polizeiuniformen: hechtgraue sprenklichte Röcke und Unterfutter; karmoisinrote Aufschläge und Kragen; goldene Knöpfe; statt des Degens, der Säbel über die Schulter, aber nicht über dem Rock.

Abb. 02   Stickerei zur Ziviluniform der Refrendarien

Abb. (von links) oben   03 -   General-Stabs-Chirurg; 04 - Lazarett-Chirurg; 05 - Feld-Apotheker; unten 06 - Feld-Post-Beamter; 07 - Auditeur; 08 - Postillion (Zustand 1786)

7. Die Fahnen

Bekannt ist, dass die Bäckerei Fahnen führte[67]. Die von Jany[68] zitierte gedruckte Ordnung für die Feldbäckergesellen führt aus: „Die Farbe Seiner Königlichen Majestät Feldbäckerei ist: Hellblau. Sie kann daher eine Fahne von dieser Farbe mit einem schwarzen Adler mit der Umschrift Feldbäckerei, am Hute (als Kokarde) und am Kragen des Rocks zu tragen."

8. Die Pferde

Die Pferde waren von den jeweiligen Landesregierungen zu stellen. Bis 1801 wurden die für eine Gestellung vorgesehenen Pferde aufgezeichnet, mit AKO vom 31.03.1801 erfolgte die Repartition nach der Hufenzahl.

Die AKO vom 17.04.1789 legte für diese Lieferungen folgende Risthöhen[69] fest:

Batterien und Artillerie-Train /	5 Fuß	2 Zoll	Stangenpferde
Regiments-Artillerie	5 "		Vorderpferde
Lazarett / Proviant-Train	5 "	1 "	Stangenpferde
	4 "	10 "	Vorderpferde
Brotwagen	5 "	1 "	Stangenpferde
	4 "	11 "	Vorderpferde
Packpferde	4 "	8 - 9 "	

Die Pferde mussten zwischen 5 und 10 Jahren alt sowie Stute oder Wallach sein. Einäugige Pferde wurden angenommen, wenn sie sonst tüchtig waren.

Für den in Anlage 05 aufgeführten Train der Ost- und südpreußischen sowie der Reserve-Armee werden für die Bespannung der 1.179 Wagen und zum Reiten für die Train-Bedienten 7.754 Pferde benötigt.

---

[67] Weinberg/Schrapel S.58: „So bald, wie es zu Felde gehet, ziehen dieselben (Anm: die Bäckerburschen) in Reih und Glieder mit einer bey sich führenden Fahne auf, welche Fahne, wenn sie an Ort und Stelle kommen, in dem Quartier des Oberbackmeisters abgesetzt wird." / Klemm S.500: „Den 11. Sept. [1788] kamen abermals 35 Gefangene und 4 Geisseln herein. Es folgte die preuß. Kriegscasse, 12 Feldbäckereien und mehr als 100 Bäckerburschen mit 2 fliegenden blauen Fahnen …"

[68] Jany Band III S.488

[69] Ein Schreiben der Regierung aus Königsberg vom 17.01.1800 an den Min. von Schrötter führt dazu aus: „ … daß, wenn das Maß der Pferde nicht wenigstens 1 Zoll herunter gesetzt wird, Ostpreußen die repartierten Pferde in Quatiet Quanto nicht aufbringen kann."

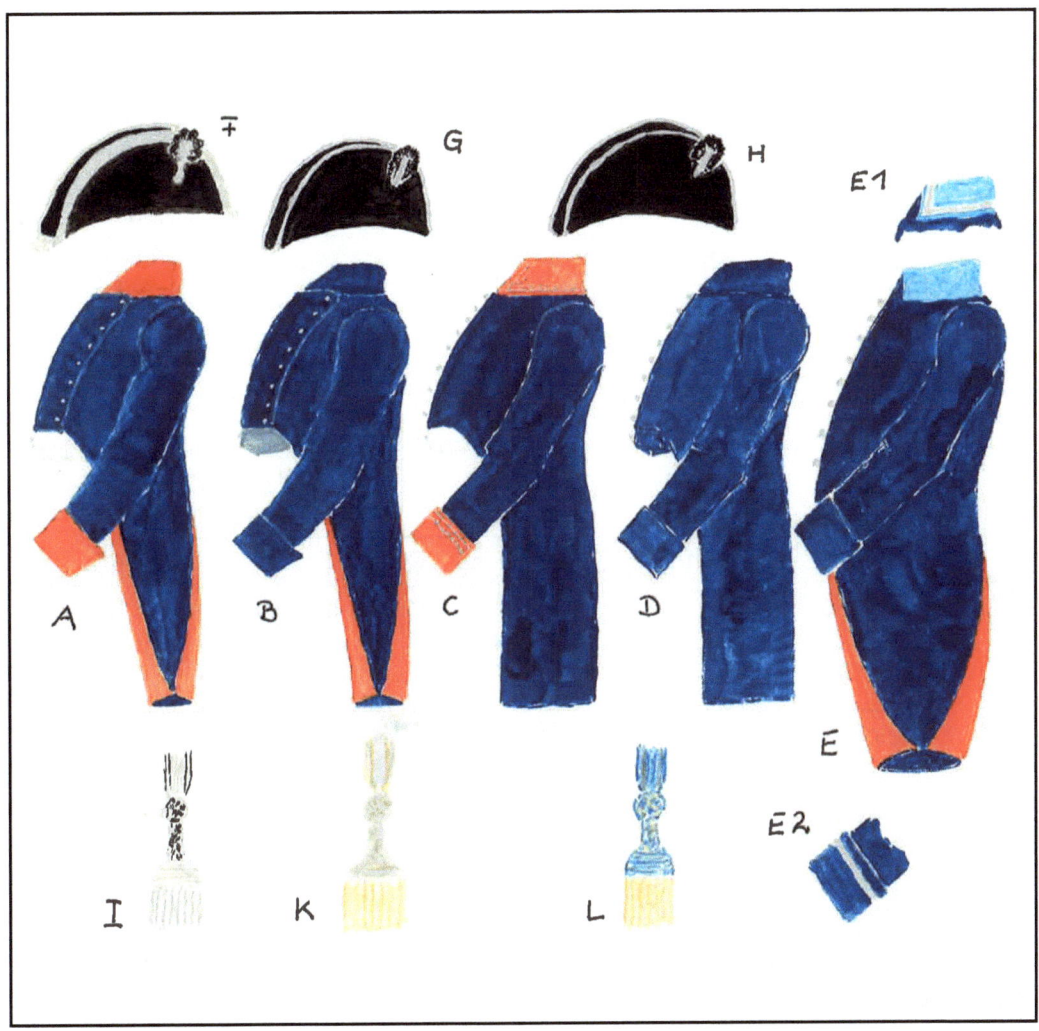

Abb. 09   A - Train-Offizier; B - Train-Inspektor;
C - Dienst- und D - Interimsuniform Offizianten aus dem Zivil;
E - Kommissariats-Knecht; E1 - Tressenbesatz für Wagenmeister,
E2 - Tressenbesatz für Wagen- und Schirrmeister
Hüte für: F - Train-Offiziere; G - Inspektoren; H - Offizianten
Portepees für: I - Offiziere; K - Inspektoren; L - Offizianten
(1806)

<u>Anmerkung zu den Abb. 03 - 08:</u> Diese Abbildungen aus dem „Zustand … 1786" passen zeitmäßig nicht in den vorgegebenen Zeitraum 1799 - 1806, sind aber die zeitnahesten Abbildungen von uniformierten Mitgliedern des Kommissariats und werden deshalb gezeigt.

9. Die Fahrzeuge
9.1 Die Backofenwagen

Die Backofenwagen waren Leiterwagen ohne Schoßkellen mit folgenden Maßen[70]:

			Fuß	Zoll	m
Leiter-	Bäume	lang	11	6,000	3,61
	Oberbäume	stark		3,125	0,08
	Unterbäume			4,000	0,10
	Schwingen	hoch	2	7,500	0,82
		breit		3,500	0,09
		stark		1,250	0,03
Leitern	auseinander	unten	2	4,000	0,73
		oben	4	8,000	1,46
Räder	hoch	vorn	5		1,57
		hinten	5	6,000	1,73
	Felge	hoch		3,000	0,08
		breit		2,250	0,06
Deichsel		lang	11		3,45
	stark	hinten		4,000	0,10
		vorn		2,500	0,07

Auf der inneren Seite der Leitern, soweit wie die Schwingen gingen, wurde ein 1 Fuß breites, auf den Unterbäumen stehendes Brett befestigt.

Innwendig der Leitern kamen 4 Träger. Die beiden äußeren waren 6,5 Zoll, die beiden inneren 4 Zoll hoch und waren auf einer Seite alle schräg gearbeitet, damit der runde Ofenbügel auf alle 4 Träger zu liegen kommt. Vorn und hinten hatte der Wagen über die Leitern eine ein Klappe von Brettern, die vorn fest sitzt, hintenüber mittels zweier Scharnierbänder herabgelassen werden kann.

Auf diesen Backofenwagen wurden die zu einem Ofen gehörigen 7 eisernen Bügel nebst 1 Reservebügel, 3 Hinterstücken inkl. Drachenschwanz, 2 Vorderstücken, 1 Zarge, 1 Tür, 1 Bohrer und 1 Pfahleisen geladen[71].

9.2 Die Requisitenwagen

Die Requisitenwagen waren einfache Leiterwagen mit Hinterschoßkelle und von der Bauart dem Backofenwagen gleich.

Auf den Requisitenwagen wurden - wie der Name bereits sagt - die zu einem Ofen gehörigen Requisiten wie folgt geladen:

---

[70] siehe Abbildung 10

[71] zum Backofen selbst siehe Anlage 09

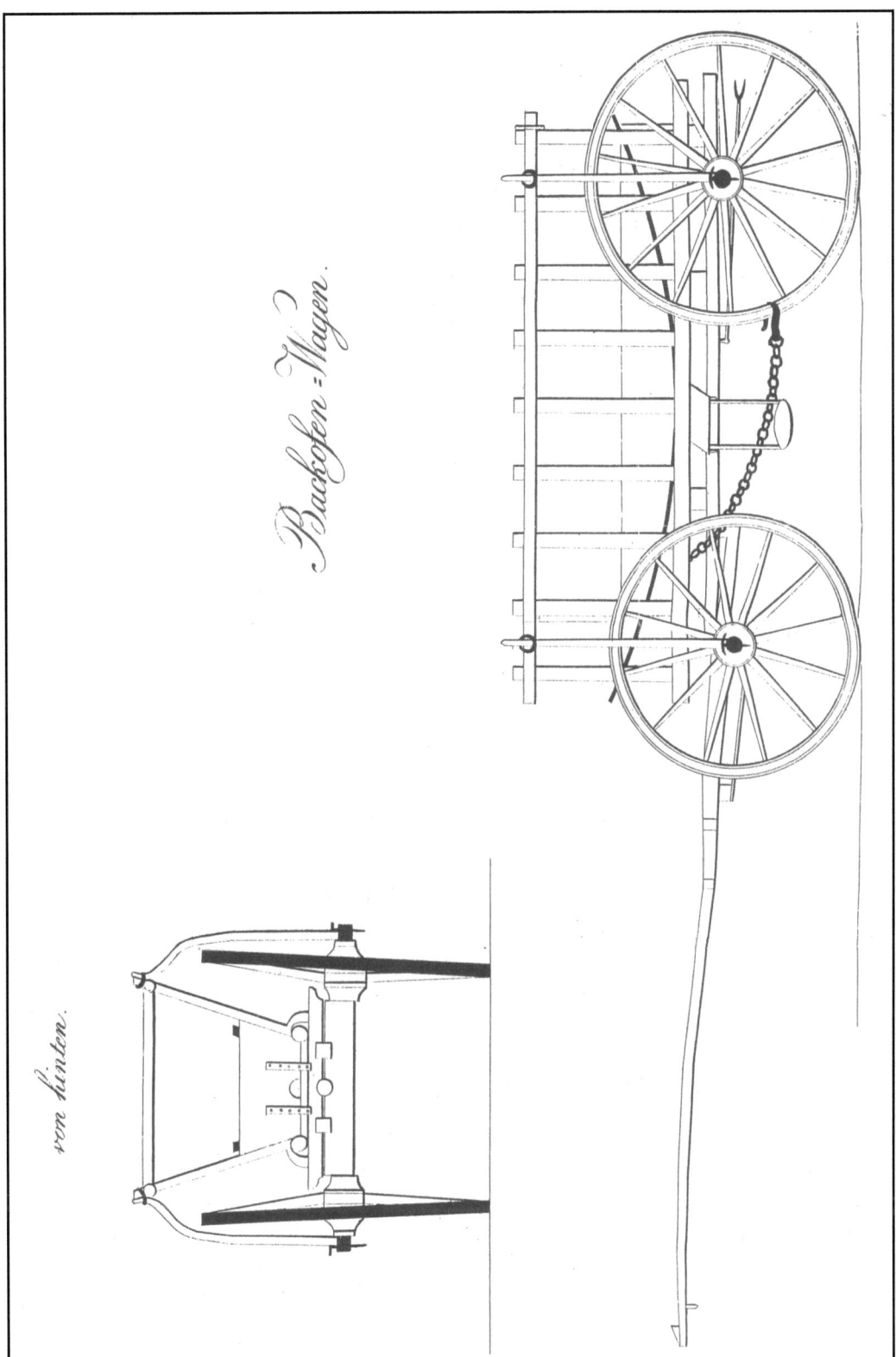

Abb. 10   Backofenwagen (zu sehen sind u.a. das Vorderrad mit 12 und das Hinterrad mit 14 Speichen; die halbrunde Lage der Ofenbügel; die Lage der Leitern und des von innen an den Leitern befestigten Brettes; die hintere Klappe mit den zwei Scharnierbändern. Leider sind die 4 Träger zur Aufnahme der Bügel nicht auszumachen.)

1 Sauer-Beute	1 Mörsel-Beute	1 Schragen
20 Backbretter	3 Schieber mit Stangen	1 Tragkübel
1 Wasserbütte	1 Wassereimer	1 Füllfäßchen
2 Schüttfässer zum Mehl	2 Trogscharren	4 Schuppen
3 gr. Drahtsiebe z. Schrot	3 Mehlsiebe	2 Siebeböcke
24 St. Mehlsäcke	2 Laternen	3 Drahtleuchter
2 Haarbesen	2 Brotwische	2 Brotzeichen

1 Waage mit kupferner Waagschale, dazu 6 Pfund 24 Loth Gewicht

1 große Mehlwaage, dazu 2 eiserne Zentner, 3 halbe Zentner und ein 20 Pfund-Stück

Auf 2 Öfen wurde noch 1 kupferner Waschkessel mit Dreifuß sowie eine Holzaxt und 1 Beil gegeben.

9.3 Die Spriegelwagen

Die Spriegelwagen waren Leiterwagen mit einem Satz Spriegel und einer Plane.

Auf diese Wagen wurden geladen

1 großes Backzelt   mit 3 Böcken, 1 Balken, 4 Türstangen, 3 großen und 4 kleinen Puppen

1 großes Brotzelt[72]   mit 2 Böcken, 1 Balken, 2 Türstangen, 2 großen und 2 kleinen Puppen

Zelte der Train- und Backmannschaft[73] mit den Stangen und sonstigem Zubehör.

1 Kasten für das Maurer- und Schiebermacherwerkzeug (Hämmer, Kellen, Haken, Locheisen, Handbeile, Schneidmesser, Hobel, Kämmeisen, Handsäge, Feilen, Bohrer, Zirkel, Zangen etc.), Lehmkasten, Lehmspaten

9.4 Die Mehlwagen

Die Mehlwagen waren ebenfalls Leiterwagen mit einem Einsatz von Korb und Plane. Ein Mehlwagen war mit 5 Faß à 450 Pfund Mehl, gesamt 2.250 Pfund Mehl, beladen. Ein Verteilungsschema der Fässer mit Reis ist nicht bekannt.

9.5 Die sonstigen Fahrzeuge

Die sonstigen Fahrzeuge in den Trains waren entweder Leiterwagen mit oder ohne Korb, Schoßkellen, Reserverädern etc. pp. oder sie entsprachen dem Trainwagen von 1777 mit hölzernem Kasten, gewölbtem mit Zwillich überzogenem Deckel und sich nach oben erweiterndem Kasten. Anfänglich mit beweglicher Hinterbracke und gebogener Schoßkelle versehen, später dann mit feststehender Hinterbracke und gerader Schoßkelle.

Die Kassenwagen entsprachen in der äußeren Form dem Trainwagen von 1777. Im Wagen befand sich ein großer, mit starken eisernen Schienen beschlagener Kasten von $5/4$zölligen Eichenbrettern mit Schloß und 2 Vorhängeschlössern.

---

[72] Dieses Zelt wurde der Bestimmung gemäß als ein Mehl- oder ein Brotzelt bezeichnet, so dass 2 Öfen zusammen 1 Mehl- und 1 Brotzelt hatten.

[73] d.h. die Zelte für Wagen- und Schirrmeister, Ober-Backmeister, Backmeister und Oberbäcker sowie auf 4 Knechte oder 6 Bäckerburschen 1 Zelt mit den zugehörigen 2 männischen Zeltdecken.

9.6 Die Farbgebung

Alle Fahrzeuge des Provianttrains waren rot angestrichen[74]. Bei den Wagen mit Plane oder Deckel kann eine Beschriftung (z.B. Feld Apotheke) in weißer Farbe nur vermutet werden.

9.7 Die Kennzeichnung

Die Wagen und sonstigen Gegenstände waren mit Nummern versehen.

So gibt eine Aufstellung[75] aus dem Train Depot zu Königsberg folgende Angaben:
Eiserne Backofen No. 74, 87 und 88
Backofenwagen mit Vorder- und Hinterbracke No. 5, 6 und 7
Requisitenwagen No. 5, 6 und 7
Spriegelwagen No. 3 und 4
Große Backzelte No. 7 und 8
Große Brotzelte No. 1 und 2
Blecherne Backofenzeichen No. 74, 87 und 88

Bei den Zelten und sonstigen zugehörigen Requisiten wird die Kennzeichnung mit (schwarzer) Ölfarbe erfolgt sein. Wie die Kennzeichnung der Wagen vorgenommen wurde, kann nicht angegeben werden.

10. Maße

1 rheinl. Fuß = 12 Zoll =		0,3138535 m	(= 12 Zoll)
1 rheinl. Zoll		0,0261545 m	
1 Scheffel Korn Berliner Maß = 80 Pfund[76]			
1 Wispel Korn Berliner Maß = 24 Scheffel = 17 Zentner 50 Pfund = 1.920 Pfund			
1 Scheffel Mehl Berliner Maß = 75 Pfund[77]			
1 Wispel Mehl Berliner Maß = 24 Scheffel = 16 Zentner 40 Pfund = 1.800 Pfund			
1 Zentner =	10 Pfund =	51,525 kg	
1 Pfund =	32 Lot =	0,4685359 kg	1 Loth = 0,0146420 kg
1 Quart =		1,17 Liter	
1 Fuder = 824,42 Liter			
1 Klafter = 3,34 m³			

---

[74] Saueracker S.14: „ .. 1 Brod-Wagen. Dieser ist, wie alle bei der Bäckerei und Proviant Fuhrwesen befindlichen Wagens mit zwillich überzogen, und 2 mahl mit Oehlfarbe, roth angestrichen." // Ribbentrop III S.694: „Der Wagen wird zweimal mit guter rother Oehlfarbe angestrichen und überzogen. Der Deckel wird mit gutem grauen Zwillich überzogen, von dem Maler gehörig gespachtelt und zweimal mit rother Oehlfarbe angestrichen"

[75] Ausgestellt am 05.12.1806 durch den Feld-Back-Meister Hesse (Anlage 09)

[76] Idealmaß; ein Scheffel kann von 74 - 83 Pfund wiegen. Der Scheffel (54,725 l) hat 16 Metzen. Die Schüttdichte (g/l) liegen bei: Hafer 450 - 540; Gerste 570 - 670; Roggen 580 - 770; Weizen 620 - 870. (www.proplanta.de/agrar-lexikon) Die Annahme von 80 Pfund/Scheffel für Korn ergibt eine Schüttdichte von 685 g/l, was sehr nah am Mittelwert der Schüttdichte für Roggen liegt.

[77] Die 75 Pfund nach Weinberg/Schrapel. Nach diesem Satz wird das Mehl auch in die Fässer eingetreten, womit jedes Faß 6 Scheffel fasst.

11. Über die Geschäftsgänge beim Kommissariat

Der Herr Dr.[78] Karl Georg Weiße war im Feldzug 1793 bei der Kalkulatur des mobilen Armeekorps angestellt. Er hat darüber ein kleines Buch verfasst, dem interessante Einblicke in den Wirkungskreis des Feld-Kriegs-Kommissariats, wie nachfolgend aufgeführt, zu entnehmen sind.

Zusammensetzung, Traktaments, Portionen und Rationen

Bei Ausbruch eines Krieges werden einige Kriegsräte aus den Kriegs- und Domänenkammern ernannt, um die Verpflegung der Armee zu besorgen und den Titel Feld-Kriegs-Kommissariat führen. Das Personal besteht aus einem Direktor, mehreren Kriegs- und Dömänenräten (Mitgliedern) sowie mehreren Sekretären, Kalkulatoren, Registratoren, Kanzlisten und Kopisten. Der Direktor und die Mitglieder bildeten ein Kollegium.

Es erhielten	Traktament	Rationen	Portionen
Direktor	100 Tlr.	10x schwer[79]	
Mitglieder/Räte	60 ″	6x schwer	
Sekretäre	30 ″	3x schwer	1
Kalkulatoren	20 ″	2x schwer	1
Registratoren	25 ″	2x schwer	1
Kanzlisten	15 ″	2x schwer	1
Kopisten	10 ″	1x leicht[80]	1
Kommissarien	15 ″	2x leicht	1
Offizianten	10 ″	1x leicht	1

Die meisten Personen des Kommissariats, vom Direktor bis zum Kanzlisten, bekommen nach Verhältnis ihrer Posten Equipierungsgelder; ein freies Quartier erhalten alle.

Die Stellung des Kommissariats war immer beim jeweiligen Hauptquartier.

Verrichtung der Kommissariatsgeschäfte

Die Mitglieder treffen sich zu fixen oder vom Direktor bestimmten Tagen und Stunden („Session") oder kommen zu außerordentlichen Treffen z.B. mit dem Kriegsminister („Konferenz") in einem besonders dazu bestimmten Zimmer zusammen[81]. Hier berichtet jedes Mitglied über die ihm zugeteilten Vorgänge. Diese Vorgänge werden dem Mitglied vom Direktor zugeteilt, der alleinig - in Abwesenheit ein Stellvertreter - die eingegangenen Schreiben erbrechen darf. Bedarf der Inhalt des Schreibens keiner Erörterung, so vermerkt der Direktor den Namen des

---

[78] Doktor der Philosophie

[79] Eine schwere Ration wurde 1793 an Geld mit 6 Talern 12 Groschen vergütet.

[80] Eine leichte Ration wurde 1793 an Geld mit 5 Talern 20 Groschen vergütet.

[81] Daher suchte das Kommissariat bei der Einquartierung immer ein Haus mit genügend Zimmern zu erlangen, damit das ganze Kommissariat an einer Stelle arbeiten kann. Das Sekretariat und die Registratur sind dabei beständig in einem Zimmer zusammen.

Mitgliedes auf dem Schreiben[82]. Der Kanzleidiener bringt diese Schreiben dann in die Registratur, damit der Registrator diese ins Register einträgt. Erst nach erfolgter Registrierung werden diese dem zuständigen Mitglied vorgelegt. Das Mitglied vermerkt dann seinen Entscheid in der Sache („dekretiert") schriftlich auf dem Schreiben oder verkündet diese mündlich dem expedierenden Sekretär. Jener fasst dann die Entscheidung in die für die Kanzlei vorgegebene Form und legt das abgefasste Schreiben (die Expedition) dem Dezernenten, als dem Mitglied, welches dekretierte, zur Durchsicht, Änderung und Verbesserung vor. Ist dies geschehen unterschreibt das Mitglied mit seinem Namen. Dann wird das Schreiben zum Direktor gebracht, der sich dieses gleichfalls durchliest und unterschreibt. Vom Direktor gelangt das Schreiben in die Kanzlei, wo es ins Reine geschrieben (mundiert) wird. Die Reinschrift (Mundum) geht dann wieder an den Sekretär zur Durchsicht und Feststellung evtl. Schreibfehler des Kanzlisten. Damit die Mitglieder das Mundum nicht nochmals durchlesen müssen, attestiert der Sekretär die Fehlerfreiheit mit seiner Unterschrift oder Zeichen (kontrasignieren) und ist daher auch für diese verantwortlich. Danach wird das Mundum dem zuständigen Mitglied zur Unterschrift vorlegt, kommt danach wieder in die Kanzlei, wo es gesiegelt, mit der Anschrift versehen und abgeschickt wird. Das Konzept mit dem Dekret kommt, wenn der Registrator die Verfügung, den Namen des Dezernenten und des Sekretärs sowie den Tag der Dekretierung und Expedition ins Register eingetragen hat, zu den Akten.

Geldanweisung an die Kassen

Jeder, der eine Geldforderung für gelieferte Sachen oder Leistungen hat, wendet sich mit einer schriftlichen Eingabe an das Kommissariat. Das Mitglied, dem der Direktor die Dekretierung zugewiesen hat, dekretiert und schickt die Forderung in die Kalkulatur oder das Rechnungsamt, wo alle Rechnungssachen geprüft („revidiert"), als richtig anerkannt („justifiziert") und berichtigt („rektifiziert") werden müssen, ehe die Anweisung zur Auszahlung erfolgen kann. Dieser Vorgang wird einem Kalkulator zugeschrieben und der Inhalt der Eingabe in das Kalkulatur-Journal eingetragen. Danach wird die Kasse, die die Zahlung zu leisten hat, zur Zahlung angewiesen und dieses dem Forderungssteller („Liquidanten") mündlich oder schriftlich bekannt gemacht. Die Kassen können die Forderungen erst dann ausgleichen, wenn diese die Kalkulatur passiert und von einem Mitglied autorisiert wurde.

Instruktion für die Feld-Kriegs-Kommissariats-Kalkulatur der königl. preußischen Armee (Auszug über die Verteilung der Arbeit) von 23.03.1793

Die Arbeiten selbst werden dergestalt verteilt, daß

1) der erster Kalkulator Wilimsky sämtliche Kassensachen und die Wechselgeschäfte bearbeitet, die Rechnungen der Haupt- und Spezialkassen revidiert, und die Aufsicht bei der Kalkulatur führt. Es müssen ihm daher sämtliche Kal-

---

82 Der Direktor schreibt zuerst das Eingangsdatum bei ihm und seinen Namen auf die erste Seite des Schreibens, darunter den Namen des zuständigen Mitgliedes und das Datum der Weitergabe an das Mitglied.

kulatursachen vor und nach der Expedition vorgelegt werden; er besorgt die erforderlichen Angaben, und kontrasigniert solche im Konzept.

2) Der Kalkulator Hohenhaus revidiert sämtliche Geldrechnungen von den Proviantämtern und Bäckereien, und sämtliche eingehende Liquidationen.

3) Der Kalkulator Plock revidiert sämtliche Naturalrechnungen von den Fourage-Magazinen und Feld-Bäckereien, desgleichen die Handwerker-Rechnungen.

4) Der Kalkulator Rippmann führt das Rations- und Portionsbuch, desgleichen die Kontrolle von den angeschafften und eingekommenen Naturalien; bearbeitet die Sachen, die auf Rations- und Portions-Vergütungen Bezug haben, richtet die genaueste Aufmerksamkeit darauf, daß die Rapporte und Extrakte von den Naturalien richtig und prompt eingehen, und daß alles Angeschaffte gehörig darin nachgewiesen wird; fertigt auch jeden Monat einen richtigen General-Extrakt von den Naturalienbeständen an.

Zur Assistenz in Expedition der erforderlichen Aufgaben wird der Kalkulatur der Proviant-Kommissarius Dr. Weiße zugeordnet; dieser führt das Journal aller zur Kalkulatur kommenden Sachen in der Art, daß mit jedem Monat von No. 1 an gerechnet, die Nummern der Sachen fortlaufen; bei einer jeden wird

a) die darauf befindliche Nummer des Hauptjournals des Feld-Kriegs-Kommissariats,

b) der Gegenstand der Sache

c) welcher Kalkulator sie bearbeitet,

d) was darauf verfügt ist,

e) welchen Tag die darauf gemachte Expedition zur Revision des Feld-Kriegs-Kommissariats gekommen, auch

f) das Mundum von ihm kontrasigniert worden,

bemerkt. Den 10. eines jeden Monats fertigt selbiger einen Extrakt aller aus dem vorhergehenden Monat noch nicht abgemachter Sachen an, und legt ihn dem Feld-Kriegs-Kommissariat vor. Hiernächst expediert selbiger alle in Rechnungssachen erforderlichen Angaben, und befördert solche, wenn sie von dem Kalkulator Wilimsky kontrasigniert worden, zur Revision des königlichen Fed-Kriegs-Kommissariats. Die Munda werden von ihm kontrasigniert.

Akt zur Anlegung eines Magazins

Wenn ein Magazin angelegt werden soll, so hängt die Wahl des Ortes von der Stellung der Armee und der Entscheidung des kommandierenden Generals ab. Das Feld-Kriegs-Kommissariat weist das Ober-Proviant-Amt an, einen bereits in dessen Diensten stehenden Kommissarius vorzuschlagen, dem die Anlage des Magazins übertragen werden kann. Das Kommissariat befehligt dann den vorgeschlagenen Kommissarius, dem meist noch ein Offiziant beigegeben wird, an den bestimmten Ort und überlässt diesem die Anlegung des Magazins auf die vorteilhafteste Art und Weise. Zugleich werden die Lieferanten an das neue Magazin gewiesen. Der Kommissarius und der Offiziant empfangen die Bedürfnisse für ihr Magazin und geben sie entsprechend aus. Dem Kommissarius ist ein Quantum Berechnungsgeld mitgegeben worden, dessen Anwendung er zu berechnen und mit Quittungen zu belegen hat.

Gerichtsbarkeit

Das Kommissariat hatte keine eigene Jurisdiktion. Da aber ein gerichtliches Forum durchaus notwendig war, um gerichtliche Untersuchungen durchzuführen und Strafen verhängen zu können, wurde 1793 dem Kommissariat ein Auditeur als Justitiarius zugeordnet. Er erhielt ein monatliches Traktament von 40 Talern und 4 schwere Rationen.

Ordonnanzen

Bei Bedarf wurden Ordonnanzen aus der Zahl der Bäckerburschen genommen, die man besonders zum Verschicken innerhalb des Ortes nutzt, wo das Kommissariat ist.

Abb. 11   Modell eines preußischer Trainwagens von 1777 (??)

Der Wagen verfügt über einen hölzernen mit Zwillich bespannte Deckel und hölzernen Kasten. Der dachförmige Deckel weist auf ein Artillerie fahrzeug hin (wie auch die Kästen im Inneren); beim Kommissariat war der Deckel rund. Die feststehende Hinterbracke und die gerade Schoßkelle datieren den Wagen auf nach 1780, eher 1790.

12. Quellen

Diskussionsforum Napoleon online (www.forum.napoleon-online.de)

Geheimes Staatsarchiv Preußischer Kulturbesitz

I. HA, Rep. 124	Nr. 13, 19, 32, 37, 73, 74, 83, 354
II, HA GD, Abt. 6 II	Nr. 162 a, 162b, 163, 165, 166, 167
II, HA GD, Abt. 7 II	Nr. 6218, 6219, 6248
IV. HA, Rep. 16	Nr. 143, 144, 500, 513, 522

Generalstab - 1806 / Das preußische Offizierskorps und die Untersuchung der Kriegsereignisse - Berlin 1906

Handbuch des Pionierdienstes 2ten Teiles 1ste Abteilung - Glogau 1838

Handbuch über den Königlich Preussischen Hof und Staat für das Jahr 1804 - Berlin 1804

Handbuch über den Königlich Preussischen Hof und Staat für das Jahr 1806 - Berlin 1806

Instruktion wie es bei der Königlichen Armee bei deren Verpflegung mit Reis gehalten werden soll - Potsdam den 06.05.1790

Jany - Geschichte der Preußischen Armee vom 15. Jahrhundert und des Deutschen Reichsheeres, Band 3 - 1763 bis 1807 - Osnabrück 1967

Klemm - Chronik der Königlich Sächsischen Residenzstadt Dresden. Zweiter Band. Die Geschichte Dresdens von 1694 bis 1827 - Dresden 1837

(Marwitz) - Aus dem Nachlasse Friedrich August Ludwig's von der Marwitz, Band 2 - Berlin 1852

Massenbach - Memoiren zur Geschichte des preußischen Staates; Dritter Band - Amsterdam 1809

Maße https://de.wikipedia.org/wiki/Alte_Ma%C3%9Fe_und_Gewichte_(Preu%C3%9Fen)

Mentzel - Die Remontierung der preußischen Armee - Berlin 1845

Rangliste der Königlich preußischen Armee für das Jahr 1806 (Nachdruck der 2. Auflage Berlin 1828) - Osnabrück 1976

Reglement wegen der unmittelbar angeordneten Zivil-Uniformen für die Provinzial-Landes-Kollegia - Berlin 14.02.1804

Ribbentrop (I+III) - Sammlungen von Vorschriften, Anweisungen über Feldequipage, Verpflegungs-Trains ... 1806-1816 - Berlin 1816 (Reprint LTR)(I), Berlin 1819 (III)

Ribbentrop (II) - Auszug aus den Verordnungen über die Verfassung der kgl. Preuß. Armee - Berlin 1810 (Reprint LTR 2001)

Strauch - Aus einer Reichsunmittelbaren Herrschaft, einem Rheinbunds- und deutschen Bundesstaat in der Franzosenzeit - Breslau 1912

Saueracker - Abhandlung von der Einteilung, Bespannung und Transport des Geschützes ... - Breda 1792

Stammliste aller Regimenter und Corps der Königlich preußischen Armee für das Jahr 1806 (Nachdruck) - Osnabrück 1975

Streit - Militärische Encyklopädie für künftige Officiere / Erster Theil - Berlin 1800

Weinberg/Schrapel - Gründliche Anweisung zu dem, was bei einem zu errichtenden Feldkriegsmagazin ... zu beobachten ... / Erster Teil - Leipzig 1791

Weiße - Über das Feld-Kriegs-Kommissariat der Königl. Preußischen Armee im gegenwärtigen Kriege - o.O. 1794

Zustand der Königlichen Preußischen Armee, vom Jahr 1640 ... bis auf die jetzigen Zeiten - o.O. 1786

Bilder /Abbildungen

01,02	Reglement wegen .. Ziviluniformen	10	Ribbentrop (I)
03-08	Zustand der ... Preußischen Armee	11	? (Quelle mir unbekannt)
09	Autor	12	Handbuch Pionierdienst

13. Anlagen

Anlage 01 Kriegs-Artikel für die Artillerie- und Proviant-Train-Knechte, die ihnen vor Ableistung des Eides vorgelesen werden sollen

§ 1. Ein jeder Artillerie- (Proviant) Knecht soll sich, wie jeder Soldat, eines guten und christlichen Lebenswandels befleißigen, und sich so aufführen, daß er Gott wohlgefällig wird, auch seine Vorgesetzten und Kameraden mit ihm zufrieden sein können.

§ 2. Er muß allen seinen Vorgesetzten, nämlich den Train-Offiziers, Direktoren, Inspektoren, Wagenmeistern und Schirrmeistern mit schuldiger Achtung begegnen und ihren Befehlen Folge leisten. Unterläßt er dieses, ist ungehorsam oder räsoniert gar, so wird er das erstemal mit Stockschlägen, bessert er sich aber nicht, mit 6 bis 12maligem Gassenlaufen durch 200 Mann bestraft.

§ 3. Eines jeden Artillerie- (Proviant) Knechts erste Pflicht ist, sein Gespann Pferde, wie auch sein Fuhrwerk, im gehörigen guten Stande zu erhalten. Seine Pferde muß er vorschriftsmäßig futtern und putzen, wie es ihm von seinem vorgesetzten Wagen- und Schirrmeister gesagt wird. An seinem Fuhrwerk muß er nichts fehlen lassen, solches nach jedem Fahren genau nachsehen, und wo sich nur der geringste Fehler zeigt, solches sogleich melden, damit alles sogleich auf das fordersamste wieder in Stand gesetzt werde.

§ 4. Auch muß er sich nie unterstehen für einen Marketender oder für sonst jemand etwas auf den Wagen zu nehmen oder jemand fahren zu lassen, auf Spießrutenstrafe.

§ 5. Den Hufbeschlag muß er täglich nachsehen, ob er noch fest ist, oder ob Nägel los oder verloren gegangen sind. Auf alle diese Dinge hat er genau Acht zu geben. Unterläßt er solches, so wird er nach Befinden der Umstände bestraft werden.

§ 6. Wenn ein Pferd nicht recht fressen will, wenn es kropft, lahm wird, verbällt ist, oder sonst ein Fehler sich an demselben zeiget, muß er es gleichfalls bald anzeigen, damit vom Kurschmidt auf frischer Tat darnach gehen werden, und dem Pferde in Zeiten geholfen werden kann.

§ 7. Ein jeder Artillerie- (Proviant) Knecht muß sich des Trunks enthalten. Besäuft er sich und kann seinem Geschäft nicht gehörig vorstehen, so soll er das erstemal mit Stockschlägen, bessert er sich aber nicht, mit Spießruten bestraft werden. Auch soll, wenn er besoffen ist und einen Exzess macht, die Trunkenheit ihm nicht zur Entschuldigung dienen, sondern er soll für den Exzess, weil er ihn im besoffenen Mut gemacht, doppelt bestraft werden.

§ 8. Alle Schlägereien und mutwilligen Händel mit seinen Kameraden sollen, besonders an dem Urheber derselben, jederzeit hart bestraft werden.

§ 9. Das Spielen um Geld und um Geldes Wert ist den Knechten gänzlich und bei unausbleiblicher Strafe verboten.

§ 10. Ein Knecht welcher seine Mondierungsstücke mutwilliger Weise verdirbt, versetzt, verkauft oder verspielt, wird mit Gassenlaufen bestraft werden.

§ 11. Das große Verbrechen dessen sich ein Artillerie- (Proviant) Knecht schuldig machen kann, ist, wenn er sich einkommen läßt, Futter zu verkaufen. Wird ihm dieses erwiesen, so soll er gleich das erstemal mit 8maligem und das zweitemal mit 12maligem Gassenlaufen bestraft werden. Wenn er aber zum drittenmal von seinen oder seiner Kameraden Pferden Futter verkauft, so soll er in 2 Tagen 20-mal Gassen laufen und in die nächste Festung auf 2 bis 3 Jahr in die Karre geschickt werden.

§ 12. Jedem ehrliebenden Artillerie- (Proviant) Knecht muß daran gelegen sein, mit keinen Dieben zusammen Dienst zu tun. Wenn er also einen solchen schlechten Kerl ausfindig machen kann, muß er es angeben, wofür er aus der Proviant-Kasse ein Paar Stiefeln über seinen Etat geschenkt erhalten soll. Da bei jedem Gespann zwei Knechte sind, wovon der so an der Stange reitet, über den der vorn reitet das Kommando hat, so hat ersterer besonders auf den letzteren acht zu geben, und wenn er die mindeste Veruntreuung des Futters an seinem Kameraden entdeckt, und solches nicht sogleich anzeiget, soll er mit dem Täter gleicher Strafe gewärtig sein. Überhaupt hat der Stangenknecht mit auf die gute Futterung des ganzen Gespanns zu sehen, und muß ihm der Vorderknecht sowohl im Futtern als Fahren Gehorsam leisten.

§ 13. Kein Knecht soll ohne Urlaub aus dem Lager oder aus der Kantonierung gehen. Hat er auswärts notwendig etwas zu tun, muß er von seinem Train-Offizier oder Inspektor Urlaub nehmen, widrigenfalls er als ein Marodeur bestraft werden soll. Auch muss er, wenn er mit Urlaub weggeht und wiederkommt sich bei seinem Wagenmeister melden.

§ 14. Wenn des Abends nach dem Abfuttern die Knechte vom Wagenmeister visitieret sind, muß kein Knecht aus dem Quartier oder Kolonne laufen, bei Spießruten Strafe.

§ 15. Ein jeder Knecht muß sich reinlich, besonders die Wäsche, halten, damit er nicht durch Krätze und Ungeziefer herunter kommt und seine Kameraden ansteckt. Ist seine Montierung gerissen, muß er sie zur rechten Zeit ausbessern, oder sind seine Stiefel schadhaft, so kann er sich deshalb bei seinem Inspektor melden.

§ 16. Auf dem Marsch und bei jeder Gelegenheit wo er mit seinem Fuhrwerk gebraucht wird, muß er genauso fahren als es ihm befohlen wird, er muß seine Reihe halten, keinem vorjagen, kurz den Befehlen seiner Vorgesetzten folgen. Will er hier widerspenstig sein, so soll er auf dem Fleck auf das härteste bestraft werden. Sollte er aber gar sich einfallen lassen, bei Gelegenheiten wo geschossen wird, oder sonst Lärm entsteht als ob Feinde kämen, einem andern Wagen oder Kanon vorzujagen, oder gar die Pferde abspannen und davon reiten zu wollen, so hat jeder Wagen- und Schirrmeister das Recht ihn auf der Stelle vor den Kopf zu schießen. Kommt ein solcher Knecht aber ins Lager, so soll er 16mal Spießruten laufen.

§ 17. Es muß sich auch kein Artillerie- (Proviant) Knecht einkommen lassen, aufs Plündern, weder in Freundes noch Feindes Land auszugehen, und wird ihm hierdurch zur Nachricht und Warnung bekannt gemacht, daß bei entstehendem Kriege allen Bauern in den Dörfern anbefohlen werden soll, wenn sich ein Knecht oder Weib ohne Begleitung eines Inspektors, Wagenmeisters oder Schirrmeisters in einem Dorfe finden läßt, solche sogleich gebunden nach dem Hauptquartier gegen Belohnung abzuliefern. Ein solcher Knecht aber soll alsdenn noch den nämlichen Tag bei dem zunächst stehenden Regiment 10mal Gassen laufen.

§ 18. Desertiert ein Knecht aber zur Zeit des Krieges, oder tritt er aus dem Kanton wenn er mit den andern Regiments-Beurlaubten eingezogen werden soll, so soll er, wenn man ihn wieder ertappt, nicht allein mit 12mal Gassenlaufen bei dem nächsten Regiment bestraft werden, sondern er soll auch hiemit auf Seiner Königlichen Majestät ausdrücklichen Befehl für unfähig erklärt sein, jemals in seinem Leben eine Posseßion oder Wirtschaft, von welcher Art sie sein mag, im Dorfe annehmen zu können.

§ 19. Jeder Artillerie- (Proviant) Knecht bleibt, so lang er nicht angestellt wird, bei seiner Nahrung ungestört, als wenn er gar nicht eingeschrieben wäre. Desgleichen bleibt er auf alle mögliche Weise, und so wie er es vorher gewesen, seiner Guts-Herrschaft und Gerichtsbarkeit unterworfen, die auch in Fällen wo er gesetzwidrig handelt, nur allein über ihn erkennen und ihn bestrafen kann.

§ 20. Verhält sich ein Artillerie- (Proviant) Knecht, wenn er wirklich angestellet ist, wie es einem ehrliebenden Menschen ansteht und gebühret, nimmt sein Fuhrwerk und seine Pferde gut in Acht und befolgt die ihm gegebenen Befehle, so sollen ihm auf Sr. Königl. Majestät Allerhöchste Ordre folgende Vorteile gewährt werden und künftig zu statten kommen:

1) Er erhält statt 2 Rthlr. Traktament so sonst ein Knecht gehabt, 12 Gr. monatlich mehr, also jeden Löhnungstag 10 gute Groschen und monatlich zwei Thaler zwölf gute Groschen.

2) Alle Wochen zweimal Fleisch, jedesmal ein halbes Pfund, oder wenn er kein Fleisch in natura empfängt, soll ihm jede Woche 1 Gr. 6 Pf. fürs Pfund bezahlt, auch wenn er nur einmal in einer Woche Fleisch erhielte, dafür 9 Pf. vergütet werden.

3) Ferner bekommt er alle Tage zwei Pfund Brot.

4) An Mondierungsstücken jährlich:

> 1 Rock,
> 1 Weste,
> 1 Hut,
> 1 Paar kalblederne Hosen,
> 1 Paar zwillchene Hosen,
> 1 Paar Stiefel,
> 1 bis 2 Paar Stiefelsohlen,
> 1 Paar Strümpfe,
> 2 Hemden

Sollte ihm irgend etwas von diesen Sachen nicht gereicht werden, so hat er sich deshalb bei seinem Train-Offizier oder Direktor zu melden, und erhält er bei diesen kein Gehör, so meldet er sich bei seinem General oder Intendanten oder bei dem jenigen General oder Stabs-Offizier, durch den Se. Königl. Majestät im Kriege von Zeit zu Zeit die Trains revidieren lassen werden.

§ 21. Ist ein Artillerie- (Proviant) Knecht 12 Jahre aufgeschrieben gewesen, so kann er sich melden, er mag Campagne gemacht haben oder nicht, und soll er alsdann aus den Listen gestrichen und ein andrer an seiner Stelle notieret werden. Kann er aber vor dieser Zeit eine Nahrung antreten, das heißt: ein Bauernerbe, eine Profeßionisten-Stelle etc. annehmen, so soll er ohnedem, wie ein jeder andrer Enrollierter, nach Vorschrift des Kanton-Reglements darf entlassen und verabschiedet werden.

§ 22. So wie ein Artillerie- (Proviant) Knecht aber zwei, drei oder mehr Jahre mit zu Felde gewesen ist, und es wird dann Friede, so soll er gleich los sein und ein andrer an einer Stelle aufgeschrieben werden. Hat er nur eine Campagne gemacht, so soll ihm diese für drei Friedens-Jahre gerechnet und er soll also drei Jahr früher aus der Liste der Knechte gestrichen und niemals mehr dazu notieret werden. Überhaupt soll ein aufgezeichneter Knecht niemals an ein Füsilier-Bataillon, Husaren-Regiment etc. abgegeben werden können.

§ 23. Sollte endlich ein Artillerie- (Proviant) Knecht im Kriege blessiert oder sonst invalide werden, so soll er gleich jedem andern Soldaten auf die Invaliden-Liste gesetzt und nach geendigtem Kriege nach Beschaffenheit der Umstände, entweder einen Gnaden-Thaler erhalten oder anderweit versorgt werden.

In Betracht aller dieser Gnade und Wohltat hoffen aber auch Seine Königliche Majestät Unser allergnädigster Herr, daß jeder ehrliebende Artillerie- (Proviant) Knecht nun seinem Könige und seinem Vaterlande, wenn er dazu berufen wird, desto treuer dienen und alle ihm vorgeschriebene Pflichten desto genauer erfüllen wird, wie er denn auch zu Beförderung seiner zeitlichen und ewigen Wohlfahrt, des Eides, womit er diese ihm vorgelesene Krieges-Artikel beschwören wird, zu allen Zeiten eingedenk sein und sich dessen erinnern muß.

Berlin, den 30sten Dezember 1789

L.S.   Friedrich Wilhelm

***

Eides-Formel

Ich N.N. schwöre und gelobe zu Gott dem Allmächtigen, daß ich alles dasjenige so man mir in den Kriegs-Artikeln vorgelesen, nach allen Kräften zu beobachten bestrebt sein werde. Ich will meinem allergnädigsten König und Herrn treu und ehrlich dienen, und wenn ich gerufen werde mich jederzeit ordentlich stellen, als es einem treuen und guten Untertan meines allergnädigsten Königs ansteht und gebühret. Auch will ich meinen Vorgesetzten Gehorsam sein, und ihnen folgen, auch tun, was sie mir sagen und befehlen werden. Dies alles gelobe und beschwöre ich vor allen so hier gegenwärtig sind, so wahr als ich hoffe selig zu werden, durch Jesum Christum und sein heiliges Wort.   Amen!

———

Anlage 02   **Extrakt aus der AKO d.d. Potsdam den 02.10.1796**

3) Will ich hierdurch wiederholend bestimmen, daß zu Besetzung der Stellen bei dem Feld-Krieges-Kommissariat pp. und den Lazaretts nicht mehr, wie bisher geschehen, erst bei eintretender Mobilmachung vieles aus den niedrigsten Klassen von Menschen zusammengerafft, diese Stellen vielmehr und ausdrücklich durch keine andern als schon wirklich in meinen Diensten stehende Offizianten besetzt, auf die gehörige Auswahl der dazu nötigen Subjekte auch von den resp: Departements-Ministern schon jetzt im Voraus Bedacht genommen, und Jeder zu dem Posten wozu er tüchtig befunden wird, aufgezeichnet werden soll. Während des Krieges sollen die Plätze solcher beim Kommissariat pp. anzustellenden Personen bei den Dicasterien offen bleiben und durch dabei stehende andere Offizianten interimistisch mit verwaltet werden, damit jene bei ihrer Zurückkunft gleich wieder eintreten können; hiernächst aber sollen sie noch die zuversichtliche Verheissung erhalten, daß wenn sie sich im Kriege in ihren Posten stets durch Rechtschaffenheit und Diensteifer als treue Untertanen bezeigen werden, ihnen daraus das Recht erwachsen solle, nach hergestellten Frieden vorzüglich auf Beförderung Anspruch zu machen; sollte hingegen ein oder der andere sich einer Vernachlässigung seines Dienstes oder gar einer Untreu zu Schulden kommen lassen, so soll ein solcher gänzlich kassiert und nach Befinden der Umstände noch härter bestraft werden. Hierdurch hoffe ich, den bisher statt gehabten schändlichen Betrügereien Einhalt zu tun. Ihr habt nun unverzüglich auseinander zu setzen und zu bestimmen, was und wieviel an Offizianten, Knechten und Pferden für jedes der für's Corps d'Armée zum Kommissariat, Proviant-Fuhrwesen, Bäckerei pp., Lazarett und sämtlich dazu gehörenden Train erforderlich ist, und das Verzeichnis davon, demnächst den resp: Departements-Ministern mit Eröffnung Meiner vorstehenden Intention zuzusenden, damit sie in Absicht der Offizianten danach ungesäumt verfahren können.

Friedrich Wilhelm

An den General-Feld-Marschall von Möllendorf
  General-Lieutenant von Geusau, und
  General-Major von Manstein

––––––

Anlage 03   **Extrakt aus der AKO d.d. Paretz den 13.09.1799**

Ad 3) Wegen des Zweifels ob die Ökonomie-Inspektoren aus den Landes-Kollegiis, oder aus halbinvaliden aber noch brauchbaren Feldwebeln, Sergeanten und Unteroffiziers genommen werden sollen, setze Ich hiermit fest, daß in der Regel brauchbare Zivil-Offizianten als Ökonomie-Inspektoren angestellt werden sollen. Ich habe Mich aus der Instruktion für die Inspektoren überzeugt, daß die Pflichten derselben von solchem Umfange sind, daß nicht nur mehr körperliche Kräfte, als ein Halbinvalider besitzen kann, sondern auch solche Fertigkeit in der Jeder und Bekanntschaft mit dem Rechnungswesen und übrigen Geschäftsgange, welche von einem eben aus dem Militär tretenden Unter-Offizier oder Feldwebel gar nicht zu verlangen ist, erfordert wird, daß eine geraume Zeit hingehen würde, ehe ein solcher die nötige Routine erhielte, wodurch die Direktion leicht in die Verlegenheit kommen würde, ihre Geschäfte nicht regelmäßig treiben und darüber Rechenschaft geben zu können. Auch kann man von einem zum Marsch beorderten Regiment nicht erwarten, daß es noch brauchbare Leute deren es in der Campagne mehr als sonst bedarf, abgeben werde. Hiernächst würde es auch bei Demobilmachung neue Schwierigkeiten erregen, dergleichen als Inspektoren gediente Invaliden anderweitig unterzubringen, da man ihnen ohne Ruin der Staats-Kassen nicht so ansehnliche Warte-Gelder, wie bei der letzten Demobilmachung geschehen, und welche die Folge haben, daß sie sich um die gewöhnliche Versorgung gar nicht bewerben, bewilligen kann. Ich finde es daher zweckmäßiger, Personen von den Kammer, Magiströten und andern Zivil-Behörden zu Inspektoren auszuwählen. Diese können schon in Friedenszeiten dazu aufgezeichnet werden, die Direktion erhält an Ihnen geübte Arbeiter, und wenn der Feld-Etat aufhört, so treten sie, ohne dem Staate zur Last zu fallen, in ihre vorigen Verhältnisse zurück. Sollte indessen als Ausnahme ein Invalide zum Inspektor angenommen werden, so darf es nur ein solcher sein, dessen Fähigkeit der Direktion persönlich bekannt ist.

Friedrich Wilhelm

An den General-Lieutenant Freiherrn v.d. Goltz

———

Anlage 04　　Schreiben Friedrich Wilhelms an den Kammerpräsidenten Wagner in Königsberg vom 22.04.1800

Friedrich Wilhelm etc. pp.

Unsere pp. Es hat Unsere allerhöchste Person zu verordnen geruhet, daß die bei entstehendem Kriege anzustellenden Feld-Kriegs-Kommissariats, -Lazaretts und sonstige Train-Offizianten auch Unterbediente und Handwerker schon in Friedenszeiten ausgewählt werden sollen. Wir lassen Euch daher die Verteilungsliste des diesfältigen Personales nebst einer detaillierten Nachweisung der nötigen Handwerker im Anschluß mit dem Befehl zu fertigen, darnach insofern es auf das Personal der Offizianten Bezug hat die erforderlichen Subjekte auszumitteln, ihre Qualifikation zu prüfen, und wenn sie tüchtig befunden sind, ein namentliches Verzeichnis davon an den Depart: Minister einzureichen.

Dieses muß jährlich anfangs Dezember, und die im Laufe des Jahres vorgekommenen Veränderungen in dem Verzeichnis gehörig berichtiget sein.

In Ansehung der Handwerker und Aufwärter und dergleichen Leute bedarf es nur der Anzeige ihrer Anzahl die jedes Departement liefert, und da Ihr über diese ganze Angelegenheit bereits von Unserm Geh: Etats Minister Frhr: von Schroetter mit einer detaillierten Instruktion versehen seid, so habt Ihr Euch auch hiernach aufs Genaueste zu richten.

Im allgemeinen müssen Wir Euch bedenklich machen, daß die Auswahl der Subjekte schlechterdings auf Offizianten gerichtet sein muß, die schon in unserm Dienst stehen, deren Plätze sollen bei den Dicasterien wobei sie stehen während eines Krieges offen bleiben, und durch andere Offizianten interimistisch verwaltet werden, damit jene, denen während der Campagne nichts von ihrem Friedens Gehalte gekürzt werden soll, bei ihrer Zurückkunft gleich wieder eintreten können.

Dergleichen Offizianten sollen auch wenn sie sich in ihren Feld-Posten im Kriege durch Treue Rechtschaffenheit und Diensteifer vorzüglich auszeichnen, nach hergestellten Frieden vorzüglich auf Beförderung nach ihrer Qualifikation Ansprüche zu machen haben.

In Ansehung der Lazarett-Aufseher wird zwar die ganze Anzahl der aus dem Civile hierzu zu wählenden Subjekte nicht gleich Anfangs angestellt, weil solches nur später und im Lauf der Campagne wenn die Lazarette mehr angefüllt werden, statt findet, indessen müssen diese Leute doch auf jeden Fall doch gleich zur Hand sein, und werden selbige für die Ostpreuß: Armee sämtlich in Königsberg gestellt.

Übrigens habt Ihr der Litauischen Kammer, an welche dieserhalb nichts besonderes verfüget worden, hiervon das Nötige mitzuteilen. Sind pp.

***

Anm.: <u>Cop: Extract: der Verteilung des Personals</u>
für die Ostpreuß: Armee worin bloß dasjenige einzutragen, so von Provinzial-Depart: zu besorgen ist, wohin aber auch die Wagen, Knechte und Pferde gehören

———

Anlage 05   Herkunft des beim Kommissariat angestellten Personals 1800

von welcher Behörde das Personal gestellt wird	Bennennung des Personals nach dem General-Etat	Armee		
		ostpreuß.	südpreuß.	Reserve
	I. Feldkrieges-Kommissarien			
Werden von Sr. Majestät erhalten	General-Intendenten	1		
	Intendanten		1	1
	Direktores	1		
	Vice-Direktores		1	1
von Provinzial-Departement	Membra des Commissariats	2	2	1
vom General-Intendanten	Secretairs beim Commissariat	2	2	2
	bei der Intendanz	1	1	1
	Canzlisten bei der General-Intendantur	1		
vom Provinzial-Departement	Calculatoren	3	2	2
	Registratoren	2	1	1
	Canzlisten	3	3	2
vom Direktor Commissariat	Copisten	3	3	2
	Canzlei-Diener	1	1	1
	Registratur-Fuhrwesen 6spännige Wagen	3	2	2
	Knechte	7	5	5
	Pferde	18	12	12
	II. General-Stabs-Bediente			
Gen.Auditoriat	Ober-Auditeur	1	1	1
von den geistlichen	reformierte Prediger	1	1	1
	katholische Prediger	2	2	1
Behörden	lutherische Prediger b. Husaren u. Füsiliers vorh.	2	1	1
von Sr.Majest.	Oberster Feld-Arzt			
sind vorhanden	Ober-Feld-Ärzte	1	1	1
v. Ob.-Kr.-Koll.	General-Polizei-Direktoren	1	1	1
	Stabs-Fouriers	1	1	1
vom General-	Stabs-Profoße	1	1	1
Polizei-Direktor	Scharfrichter	1	1	1
	III. Feld-Kriegs-Kasse			
v. Ob.-Kr.-Koll.	Feld-Kriegs- Zahlmeister	1	1	1
vom Provinzial-Departement	Buchhalter	1	1	1
	Kassierer	1	1	1
	Kassen-Schreiber	2	2	1
v. K.-Zahlmstr.	Kassen-Diener	1	1	1
	schw. Kassen-Fuhrwesen 6spännige Wagen	12	10	8
	Knechte inkl. Reserve	14	12	10

		Pferde inkl. Reserve	76	64	52
vom Ober-Kriegs-Kollegio	Inspectores		1	1	1
	Schaffner		1	1	1
	Schirrmeister		1	1	1
	Stangenreiter		12	10	8
	IV. Feld-Post-Amt				
vom General-Post-Amt	Feld-Post- Meister		1	1	1
	Secretaires		2	2	1
	Postillons und Briefträger		15	15	10
	Postpferde		11	9	7
	V. Feld-Proviant und Bäckerei Bediente				
	Ober-Proviant-Meister		1	1	1
vom Provinzial-Departement	Haupt-Magazin-Kassen	Rendanten	1	1	1
		Buchhalter	1	1	1
		Controlleurs	1	1	1
v. Kom.-Direkt.	Kassen-Diener		1	1	1
	Haupt-Kassen	Rendanten	1	1	1
		Controlleurs	1	1	1
vom Provinzial-Departement	Ober-Proviant-Commissarien		2	1	1
	Proviant-Commissarien (führen Rg. b.d. Magazinen)		10	10	5
	Proviant-Commissarien (zum Verschicken)		3	2	2
	Proviant-Offizianten	bei den Magazinen	42	42	22
		zum Verschicken	7	7	5
	VI. Feld-Bäckerei				
vom Ober-Kriegs-Kollegio	Directores		1	1	1
	Train-Officiers als Aufseher		2	2	1
vom Provinzial-Departement	Proviant-Commissarien	(führen Rg., zahlen Lohn)	2	2	1
	Proviant-Schreiber		4	4	2
	Ober-Backmeister		1	1	2
vom Provinzial-Departement	Backmeister		11	8	6
	Ober-Bäcker		33	22	18
zur Bestätigung des Com.-Direktors	Bäckerburschen		473	315	258
	Maurermeister		2	2	1
	Poliere		2	2	1
	Gesellen		33	22	18
v. Feld-Probst	Feldprediger		1	1	1
vom General-Stabs-Chirurgi	Ober-Chirurgi		1	1	1
	Sub-Chirurgi		6	4	3
	Eiserne Backofen-Fuhrwesen				
vom Ober-Kriegs-Kollegium	Train-Offiziers		1	1	1
	Inspectores		3	2	2
	Wagenmeister		6	5	4
	Schirrmeister		12	10	8

vom Provinzial-Departement auszumitteln, Bestätigung durch Intendanten	Reitschmiede-Meister				1	1	1
		Gesellen			1	1	1
	Grobschmiede-Meister				1	1	1
		Gesellen			4	3	3
	Stellmacher-	Meister			1	1	1
		Gesellen			4	3	3
	Sattler-	Meister			1	1	1
		Gesellen			4	3	3
	Böttcher-	Meister			2	2	1
			Backofen-Wagen		33	22	18
			Requisiten-Wagen		33	22	18
			Spriegel-Wagen		20	13	11
			Schmiede- u. Kohlenwagen		1	1	1
		inkl.Reserve	Knechte	gesamt	194	129	107
	inkl. Reserve + Reitpferde		Pferde	gesamt	584	392	325

VII. Proviant- und Mehl-Fuhrwesen

vom Ober-Kriegs-Kollegio	Directores				1	1	1
	Train-Offiziers				4	4	2
vom Provinzial-Departement	Rendanten				1	1	1
	Canzlisten				1	1	1
vom Ober-Kriegs-Kollegio	Inspectores				13	9	7
	Wagenmeister				26	18	14
	Schirrmeister				52	36	28
	Reitschmiede-Meister				2	2	2
		Gesellen			6	4	3
vom Provinzial-Departement auszumitteln, Bestätigung durch Intendanten	Grobschmiede-Meister				2	2	2
		Gesellen			8	7	5
	Riemer-	Meister			2	2	1
		Gesellen			5	4	3
	Stellmacher-	Meister			2	2	1
		Gesellen			6	5	4
	Sattler-	Meister			2	2	1
		Gesellen			5	4	3
	Böttcher-	Meister			5	4	3
vom General-Stabs-Chirurgi	Ober-Chirurgi				1	1	3
	Sub-Chirurgi				6	4	3
			Mehlwagen		390	270	210
			Attirail-Wagen		13	9	7
			Schmiede- u. Kohlenwagen		1	1	1
		inkl.Reserve	Knechte	gesamt	886	614	478
	inkl. Reserve + Reitpferde		Pferde	gesamt	2621	1817	1415
	zum Verschicken						
	Train-Offiziers				1		
vom Ober-	Inspectores				1	1	1

Kriegs-Kollegium	Wagenmeister		2	1	1
	Schirrmeister		2	1	1
	Knechte		2	1	1
	VIII. Feld-Lazarett				
	A) Stehendes Lazarett				
	Erster Lazarett-Director				
von Sr. Majestät	andere Directores		1	1	1
	Lazarett-Lieutenants		3	2	2
	General-Stabs-Chirurgus				
	General-Chirurgi		1	1	1
vom General-Stabs-Chir.	Ober-Stabs-Chirurgi		5	4	2
	Stabs-Chirurgi		14	9	6
v. Gst.-Chirurg	Ober-Chirurgi		27	18	12
von Sr. Majestät	Ober-Lazarett-Inspector				
	1ster Vice-Ober-Lazarett-Inspector		1		
	andere Vice-Ober-Lazarett-Inspectores			1	1
	Lazarett-Inspectores		13	9	7
vom Provinzial-Departement	Lazarett- Kassen-Rendanten		1	1	1
	Buchhalter und Calculatoren		1	1	1
	Kassen-Schreiber		1	1	1
	Prediger		1	1	1
von Feld-Probst	Küster		1	1	1
v. Gst.-Chirurg	Chirurgi		198	130	89
sh. Nota am Ende	Aufseher		66	43	38
	Krankenwärter, Köchinnen, Wäscherinnen		257	172	116
vom Provinzial-Departement	Haupt-Lazarett-Secretaire		1	1	1
	Haupt-Lazarett-Schreiber		7	5	2
General-Stabs-Apotheker	Ober-Apotheker		1	1	1
	Feld-Apotheker		2	1	1
	Apotheker-Gesellen		16	11	7
v. Gst.-Chirurg	Instrumentenmacher		1	1	1
v. Gst.-Apothek.	Handarbeiter		4	3	2
vom Ober-Kriegs-Kollegium	Train-Inspectoren		1	1	1
	Wagenmeister		1	1	1
	Schirrmeister		3	2	2
		6spännige Wagen	4	3	2
		4spännige Wagen	9	7	5
	inkl.Reserve	Knechte gesamt	18	14	10
	inkl. Reserve + Reitpferde	Pferde gesamt	68	53	39
	B) Lazarett Ambulant				
v. Sr. Majestät	Lazarett-Lieutenants		1	1	1
vom General-Stabs-	Ober-Stabs-Chirurgi		1		
	Stabs-Chirurgi		3	1	1

Chirurgus	Ober-Chirurgi			6	3	3
v. Provinzial-D.	Lazarett-Inspectores			1	1	1
v. Gst.-Chirurg	Lazarett-Chirurgi			30	15	15
sh. Nota am	Aufseher			6	3	3
Ende	Krankenwärter, Köchinnen, Wäscherinnen			60	25	25
v. Provinzial-D.	Lazarett-Schreiber			1	1	1
General-Stabs-	Feld-Apotheker			1	1	1
Apotheker	Apotheker-Gesellen			4	2	2
	Handarbeiter			3	1	1
vom Provinzial-	Schmiedemeister			1	1	1
Departement	Stellmachermeister			1	1	1
	Sattlermeister			1	1	1
v. Ober-Kriegs-	Wagenmeister			1	1	1
Kollegium	Schirrmeister			2	1	1
		6spännige Wagen		3	2	2
		4spännige Wagen		9	7	7
	inkl.Reserve	Knechte	Reserve	20	14	14
	inkl. Reserve + Reitpferde	Pferde	Reserve	75	52	52
	Nota: die Lazarett-Aufseher und Aufwärter werden folgendergestalt gestellt					
Civile vom	1. Aufseher	aus dem	Civile	13	5	4
Provinzial-Dep.			Militaire	59	41	37
Militaire vom	2. Aufwärter incl. Weiber	aus dem	Civile	171	108	77
Ob.-Kriegs-Kol.			Militaire	146	89	64

Anlagen 06   Instruktion für die Intendanten im Felde vom 15.08.1806

1.

Der Intendant eines von der Hauptarmee abgesonderten Korps stehet unter dem, bei der Hauptarmee befindlichen General Intendanten, welchem die Kommissariate untergeordnet sind, als seiner Vorgesetzten Behörde und stattet demselben von Zeit zu Zeit Rapport von den ihm untergebenen Bäckerei- und Mehl-Fuhrwesen-Trains, als welche unter seiner speziellen Aufsicht stehen ab, sowie die dabei befindlichen Direktoren, Train-Offiziers, Inspektoren, Wagen- und Schirrmeister, Ober-Backmeister und des gesamten dazu gehörigen Personale, welches er nebst den Train-Pferden und dem Fuhrwesen selbst gehörig inspizieren und in genauer Ordnung zu halten hat.

2.

Derselbe muss sich die Stärke und den Gebrauch der Feld-Bäckerei und des Proviant-Fuhrwesens genau bekannt machen, sich in Berechnungen der Zeit und der Distanzen zur Anlegung der Feld-Bäckerei, und zum Transport des Mehls üben, damit während des Marsches in 3 Tagen immer eben so viel gebacken werde, als in eben dieser Zeit verzehrt wird, die Brotverpflegung der Armee dabei gesichert bleibe und der 3tägige Brot-Bestand stets komplett gehalten werde.

3.

Der Intendant hält sich beim kommandierenden General auf, und empfängt von demselben die Dispositionen, welche zur Verpflegung der Armee bei ihren abgeänderten Bewegungen zu treffen notwendig sind, er teilt diese Dispositionen dem Feld-Kriegs-Kommissariat zu seiner Achtung mit, und es müssen selbige von den Kommissariate genau befolgt werden, dahero er denn auch nicht mit dem Kommissariate über diesen Gegenstand in Deliberation zu treten hat: ob und in welcher Art hierzu weitere Veranstaltungen zu treffen sind, wie er denn wegen diese Arrangements gemeinschaftlich mit dem Kommissariate die Verantwortlichkeit übernimmt, daß es der Armee an nichts fehle.

Wenn sich Schwierigkeiten finden, denen er in Gemeinschaft mit dem Feld-Kriegs-Kommissariate nicht sogleich abhelfen kann, so rapportiert er darüber, dem Herrn kommandierenden General, und trägt demselben die Vorschläge wodurch etwa jenen Schwierigkeiten abgeholfen werden könne, vor.

4.

Um in seinen Operationen sicher zu gehen, muß sich der Intendant ein genaues Detail machen, wieviel eiserne Backofen zur Versorgung einer jeden Abteilung des Korps gehören, wie viel Utensilien und Back-Requisiten damit verbunden sind, wie die Train-Offiziers, Kommissarien, Proviant-Bediente, Backmeister und Backburschen dabei einzuteilen, wie stark das Mehlfuhrwesen dabei sein muß, wovon die Beilage[83] das Detail zeigt.

---

[83] Die Beilage befand sich nicht in der Akte.

5.

Der Intendant muß die Direktoren und Train-Offiziers dazu anhalten, daß sie ihre Kolonnen in strenger Ordnung halten, besonders aber darauf sehr genau sehen, daß die Inspektoren und Rendanten, so die Löhnung auszahlen, ihre Schuldigkeit tun, die Knechte ihr Brot und Sold und die Pferde ihr Futter richtig erhalten, kein Futter verkauft wird, und nicht mehr Knechte und Pferde in den Löhnungs-, Portions- und Rations-Listen aufgeführt werden, als wirklich vorhanden sind.

Er muß darauf visitieren, daß die Direktoren die Rechnungen der Handwerker genau durchgehen, bevor sie solche zur Bezahlung attestieren.

6.

Der Intendant muß nach reiflicher Überlegung die Orte zur Anlegung einer Feld-Bäckerei gut wählen, dergestalt, daß Holz, Steine und Wasser vorhanden, und die Regimenter das Brot nicht zu entlegen abholen dürfen, auch das Proviant-Fuhrwesen zur Mehlanfuhr bequem dislozieren. Hierüber muß derselbe dem kommandierenden General zweckdienliche Vorschläge machen und dessen Approbation einholen, auch dem Feld-Kriegs-Kommissariate zu treffenden Anordnungen kommunizieren und überall von ihm mit dem selben de concert gegangen werden.

7.

Der Intendant muß täglich genau wissen, auf wie viel Tage das Corps d'Armée mit Brot und Fourage versehen, und wie stark der Vorrat an Mehl, Brot und Fourage in jedem Depot ist, wie lange die Truppen davon subsistieren können und zu welcher Zeit und von woher das Proviant-Fuhrwesen mit neuen Mehl-Vorräten versehen, und die verschiedenen Depots von neuen mit Naturalien gefüllt oder unterhalten oder verstärkt werden müssen. Zu diesem Ende muß er sich stets richtige Rapports von den Bäckereien und Proviant-Ämtern einreichen lassen und fleißig mit dem Kommissariate über die Verpflegung der Armee konzertieren.

8.

Um in Ansehung des Bedarfs niemals in Verlegenheit zu sein, muß er immer wissen, an welchen Orten die einer stehenden oder marschierenden Armee zum Rückhalt dienenden Entre-Depots und Haupt-Magazine angelegt sind, dieserfalls mit dem Kommissariat in beständigen Briefwechsel stehen, demselben täglich vom Allem Erforderlichen Anzeige tun und von selbigem ebenfalls täglich Nachricht einziehen, woher das zur Verpflegung der Armee Erforderliche zu nehmen und derselben am bequemsten zuzuführen ist.

Der Intendant muß bemüht sein, sich Kenntnisse von allen in die Verpflegung der Armee einschlagenden Artikeln zu verschaffen, falls er sie noch nicht besitzt und deshalb, so viel es seine übrigen Dienst-Geschäfte nur irgend zulassen, den Sitzungen des Kommissariats beiwohnen, bis er von allen dahin einschlagenden Notiz genommen hat.

Das höchste Königliche Interesse kann nur bei einer vollkommenen Harmonie diese beiden Behörden bestehen, und daß Beste desselben muß sie beständig vereinigen. Animositäten müßen sorgfältig vermieden werden, so wie unnützer Rang-Streit.

Sollte der Intendant mit dem Kommissariate in Streitigkeiten verwickelt werden, so wird dem General-Intendanten der streitige Fall vorgetragen und dessen Vermittlung oder Entscheidung erwartet.

9.

Von dem Mehl-Wesen, wie das Korn in den Mühlen traktiert, hiernächst das Mehl auf den Magazin-Böden ausgekühlt und zum Lagermehl verpackt muß; was für Holz zu den Mehlfässern zu nehmen und dergleichen mehr, davon muß sich der Intendant selbst genaue Kenntnis verschaffen, so wie auch, wie das Mehl verbacken werden muß, es sei nun, daß das Brot von purem geschroteten oder von purem gebeutelten oder von beiden Gattungen Mehl zusammen gebacken werde; desgleichen wie lange es nötig ist, dem Teig im Sauer stehen zu lassen, wie viel Zeit es erfordert solchen auszuwirken, wie schwer der Teig sein müsse, einmal ausgebackenes Brot à 6 Pfund zu schaffen, wie lange das Brot im Ofen stehen müsse, und dergleichen mehr.

10.

Die Regimenter sind zwar gemessenst angewiesen, immer das älteste Brot auszugeben, damit es nicht verschimmele; da solches aber durch Nachlässigkeit der Unteroffiziers zuweilen unterbleibt und dann gewöhnlich die Verschimmelung der Bäckereien zur Last gelegt wird, so muß zu deren Legitimation jedes Brot mit der Nummer bezeichnet werden, die das Datum angibt, an welchem es gebacken worden ist.

11.

Der Intendant muß den Rations- und Portions-Etat ingleichen den Feld-Etat der Armee haben, damit er von Allem Rede und Antwort geben und seine Überschläge zur Verpflegung machen könne.

12.

Auch muß der Intendant genau die Verhältnisse von Roggen, Gerste, Hafer, Heu und Stroh bei Verabreichung der Ration kennen.

13.

Der Intendant wird in Zeiten abseiten des kommandierenden Generals von jeder vorseienden Bewegung der Armee unterrichtet, damit derselbe seine Maßregeln hiernach schleunigst nehmen, zweckmäßige anderweite Transporte einleiten, neue Depots anlegen und die Verpflegung auf dem Marsch oder in der anderweitigen Stellung der Armee sichern könne, wobei von dem Intendanten über die ihm anvertrauten Operations-Pläne, Marsch-Dispositionen oder projektierte Kantonements, der Armee auf Ehre und Pflicht und bei der schärfsten Ahndung die allerstrengste Verschwiegenheit gefordert wird.

14.

Alljährlich in den Winterquartieren läßt der Intendant die nötigen Reparaturen an den Bäckereien und Trains aufnehmen, revidiert sie genau und reicht sie samt den nötigen Überschlägen zur Einmondierung der Knechte und Komplettierung der Bespannung gehörigen Orts ein.

15.

Die Feld-Lazarette stehen ebenfalls unter der Ober-Direktion des Intendanten. Sie bestehen aus dem stehenden Lazarett und dem Lazarett Ambulant.

Das stehende Lazarett wird an dem von dem kommandierenden General bestimmten Orte etabliert. Der Intendant sorgt dafür, daß die Lazarett-Direktion nach der angeboreneren Instruktion, welche derselbe sich bekannt machen muß, bei dessen Etablierung ihre Schuldigkeit tun, daß die Kranken gut gehalten, und die gehörige Reinlichkeit beobachtet werde, daß andererseits die Regimenter bei Absendung der Kranken, Anfertigung der Transportzettel, Verpflegung bis ins Lazarett und dergleichen , die darin enthaltenen Vorschriften ebenfalls genau beobachten. Er muß, so oft er sich abmäßigen kann, durch fleißiges Besuchen des Feld-Lazaretts sich selbst davon überzeugen, daß alles vorschriftsmäßig geschieht, alle Mißbräuche strenge ahnden, und sogleich abstellen.

Das Lazarett Ambulant muss immer gut bespannt sein, und der Armee folgen, auch immer in der Nachbarschaft derselben verbleiben, um bei zu großer Entfernung vom stehenden Lazarett interimistisch Kranke aufnehmen zu können, bis letzteres Zeit gewinnt, heran zu rücken.

Besonders aber ist es die Bestimmung des Ambulants, bei vorfallenden Aktionen Blessierte aufzunehmen, daher es alsdann so nahe wie möglich an die Armee heran rücken muß, um die zum Transport der schweren Blessierten bestimmten Wagen zur Abholung derselben vom Champ de Bataille absenden zu können.

16.

Wenn Bataillen oder Aktionen vorfallen, so muß der Intendant auf die dazu erhaltene Ordre, auch allenfalls Proviant-Fuhrwesen-Wagen dem Ambulant zum Transport der Blessierten zu Hilfe geben, auch sind dazu Landfuhren aus der umliegenden Gegend beizutreiben. Für Lagerstroh, Brennholz, Wein zu Umschlägen und alle mögliche Bedürfnisse zur Pflege und Wartung der Blessierten ist ebenfalls zu sorgen. Ist die Anzahl so stark, daß sie die Anstalten des Lazarett-Ambulant übersteigt, so sorgt der Intendant dafür, daß aus den benachbarten Orten, Chirurgen, Leinwand zu Bandagen, Medikamente, Strohsäcke, Decken pp. herangeschafft werden.

17.

Der Intendant sorgt ferner dafür, daß so oft das Proviant-Fuhrwesen ledig zurück fährt, um aus dem Magazinen eine frische Mehlladung zu holen, dasselbe jedesmal aus dem Ambulant die Leichtblessierten und transportablen Kranken in das stehende Haupt-Lazarett zurückbringen, damit das Ambulant immer möglichst frei und der Armee überall zu folgen im Stande sei. Zu diesem Ende wird es gut sein, wenn bei jedem Vorrücken der Armee das Haupt-Lazarett ein Detachement versendet, um an dem Orte wo das Ambulant gestanden, die schwer Blessierten und Kranken zu übernehmen.

18.

Da die eigentliche Comptabilität aller Teile der Armee-Verpflegung, die Führung sämtlicher Rechnungen und die Verantwortlichkeit über die Verwendung der Gelder und der Naturalien dem Kommissariate obliegt und dessen besonderes Ressort ist; so bleibt demselben auch hierin die Haupt-Disposition vorbehalten.

Indessen muß der Intendant sich auch in diesen Stücken die nötige Notiz verschaffen, damit er auf alles regulieren und jede Malversation und Missbrauch, so viel an ihm ist, vorbeugen könne; es mag nun die Armee durch Entrepreneurs verpflegt werden, oder durch Lieferungen vom Lande, sowohl in Königlichen und freundschaftlichen, als auch selbst in feindlichen Provinzen geschehen. So wie derselbe auch darauf attent sein muß, daß die jetzt so sparsamen Natural-Vorräte nicht vergeudet, sondern vielmehr mit bester Ökonomie verwaltet werden, und hat derselbe dann auch darauf mit zu regulieren, daß die liefernden Untertanen mit gehöriger Schonung behandelt werden.

19.

So sorgt auch der Intendant dafür, daß bei der Ausgabe die Regimenter richtiges Maß und Gewicht, und gute Materialien erhalten. Er untersucht jede diesfalsige Klage genau, sorgt, wenn sie gegründet ist, für deren Abstellung und ahndet strenge jede Malversation.

20.

Um den Regimentern die Anschaffung des Schlachtviehs zu erleichtern, sorgt der Intendant de concert mit dem Feld-Kriegs-Kommissariat dafür, daß von Zeit zu Zeit Lieferanten aufgefordert werden, Herden von 2 bis 400 Stück Ochsen der Armee zuzuführen, um sie den Regimentern zu verkaufen. Er bewirkt nach Möglichkeit, daß diese Lieferanten auf Märschen, bis sie ihr Vieh verkaufen, gehörig gedeckt sind, daß sie auf der Tour zur Armee Zoll und Akzise frei passieren, in Königlichen oder freundschaftlichen Landen für billige Preise und in Feindes Landen freie Weide haben.

21.

Auch muss der Intendant in Gemeinschaft mit dem Kommissariat seine Vorsorge dahin extendieren, daß der Armee, besonders in Stand-Lägern, alle Gattungen Viktualien zugeführt werden. Um die Zufuhr aber zu befördern, muß derselbe ohne Nachsicht darauf halten, daß Alles bar bezahlt, nichts erpresst, kein zu geringer Preis abgedrungen und dem Landmann dadurch Zutrauen eingeflößt werde.

22.

Wenn in Feindes Land zum Soulagement der Armee Viktualien, Schlachtvieh und dergleichen unentgeltlich geliefert werden sollen, so sorgt der Intendant in Gemeinschaft mit dem Kommissariate dafür, daß das Kommissariat eine proportionierte Ausschreibung nach den Distrikten, mit Berücksichtigung deren Ausbreitung, Kräfte, Gattung und Ergiebigkeit der Landes-Produkte veranstalte; läßt die zurückbleibenden Lieferungen durch militärische Exekution beitreiben, hält aber de concert mit dem Kommissariate streng darauf, daß sie bei der Vereinnahmung ein so, wie bei den Magazinen ohne Schikane verfahren werde und bei der Ausgabe die Regimenter nach einer egalen Repartition empfangen.

23.

Die Konstitution bestimmen Se. Majestät Höchstselbst oder der kommandierende General durch den Intendanten, welcher die erhaltenen Befehle dem Kommissariat mitteilt. Das Kommissariat wird sodann die Landes-Kataster herbeischaffen und die Prästanda darauf repartieren, die feindlichen Kassen-Bestände in Beschlag nehmen, und bis auf weitere Order zur Feld-Kriegs-Kasse vereinnahmen, den Intendanten aber von allem Nachricht geben.

24.

Endlich müssen Zeit und Umstände jedesmal dem Intendanten an die Hand geben, was die Verpflegung der Armee und deren Subsistenz überhaupt erleichtern kann.

Eigenes Discernement, reifliche Überlegung und besonders erlangte Erfahrung müssen ihn dabei leiten, alle seine Verfügungen motivieren und die Vorschläge erzeugen, die er nach vorher gehaltener Rücksprache mit dem Feld-Kriegs-Kommissariat, dem kommandierenden General zur Genehmigung vorgelegt, und worüber unmöglich Regeln vorgegeben werden können.

Hannover den 15ten August 1806

———

Anlage 07   Bericht des Train-Direktors Capitain von Herzberg (Auszug)

… Es war im Monat August des Jahres 1806, da ich mich soeben in Magdeburg mit dem Retablissement meines Train-Depots beschäftigte, als mir in einem Schreiben des Königl: Ober-Krieges-Collegii, datiert vom 10. August, die Nachricht erteilt wurde: daß der In Magdeburg befindliche Train mobil gemacht werden sollte. Diese Mobilmachung bestand in der Feldbäckerei von 6 Backöfen, 6 Requisiten-, 3 Spriegel-Wagen und einer Feldschmiede. Zum Proviantfuhrwesen in 60 Mehl-und 2 Reservewagen; wozu an Train-Bediente, Knechte und Pferde 3 Inspektoren, 5 Wagen- und 11 Schirrmeister, 1 Kur- und Reitschmied, 171 Knechte, 510 Stück Pferde nach dem Etat angesetzt waren. In einem gleich darauf folgendem Schreiben vom 11. August wurde mir dann bekannt gemacht, daß die Verfügung getroffen wäre, daß ich die bestimmten Train-Bediente und -Knechte den

18. August erhalten, den 20. aber die Lieferung der Pferde geschehen würde. Am 21. August Abends ging bereits ein vollständiger Rapport von dem richtigen Empfang der Train-Bediente, Knechte und Pferde an das Königl: Ober-Krieges-Collegium ab. Die Kolonnen wurden in die um Magdeburg liegenden Dörfer Cracau, Prester, Biederitz und Bardeleben einquartiert. Auch wurde nach einem Schreiben des Königl: Ober-Krieges-Collegii vom 2. August der sich in Magdeburg aufhaltende Capitain v.Trützschler[84] mir als Train-Offizier zugeteilt und nun in dessen Beisein sämtlichen Train-Bedienten und Knechten die Kriegesartikel vorgelesen, der Schwur abgenommen und jedem Knecht bekannt gemacht, was er auf seine Pferde täglich an Futter empfangen müsse. Auch jedem eine Belohnung von 2 Reichstalern versprochen, der anzeigen würde, wenn er nur das Geringste weniger erhielte, als nach dem Etat ihm zukomme. Daß aber im Gegenteil, wenn es von mir auf irgend eine Weise entdeckt würde, der Inspektor einer Kolonne, wobei die geringsten Unterschleife geschehen, sogleich in Arrest gesetzt, und als unfähig, diesen Posten vorzustehen, zu seinem Regiment zurück geschickt; der Wagen- und Schirrmeister aber, in dessen Beritt die Veruntreuung vorgefallen, mit 50 Fuchteln, der Knecht aber mit Gassenlaufen bestraft werden sollte. Und damit jeder Knecht seine Pflichten sich einschärfen könnte, wurde unter selbigen, die alle aus dem Magdeburgische waren, die Krieges-Artikel einzeln ausgeteilt, und eines jeden Namen auf dem Deckel bemerkt. Indem ich mich nun noch bis zur weiteren Order des Aufbruchs der Kolonnen mit der gänzlichen Reparatur der mitzunehmenden Wagen und Attirails-Stücke sowie Geschirrsachen beschäftigte, waren Anfangs September Se: Königl: Hoheit der Prinz Heinrich von Preußen nach Magdeburg gekommen und befahlen Höchstselbst, daß die Kolonnen ausrücken sollten, weil sich Se: Königl: Hoheit von dem Zustand des Trains, der bald gebraucht werden sollte, zu überzeugen geruhen wollten. Sämtliche Kolonnen kamen daher auf dem Neumarkt zusammen und wurden von Se: Königl: Hoheit revidiert; dann ließen Höchstdieselben sie vor sich vorbei marschieren, wobei Sie die Gnade hatten, mir Ihre Zufriedenheit in den gnädigsten Ausdrücken zu äussern. Unterm 1. September hatte ich bereits dem ersten Departement des Königl: Ober-Krieges-Collegii gemeldet, daß ich mit dem Retablissement bis auf das Anstreichen der Wagen fertig wäre und zu jeder Zeit marschieren könnte. Das hohe Departement äußerte mir ebenfalls darüber sein Wohlgefallen, und war ganz mit der Tätigkeit zufrieden, die angewandt worden war, um die Instandsetzung des Trains zu fördern. Am 11. September erhielt ich von Sr: Hochfürstlichen Durchlaucht dem Herzog von Braunschweig die Order, mit die 6 Backofen und 2 Fuhrwesen-Kolonnen, den 14. September aufzubrechen, und nach der beigefügten Marschroute in der Gegend von Halle zu marschieren. Es wurden nun sogleich die Backöfen geladen, sowie auf jeden Mehlwagen 5 Tonnen Mehl gepackt, und so der Tag des Abmarsches erwartet.

Am 14. September wurde sodann aufgebrochen und bis Cönnern marschiert, wo ich den 16. eintraf, an selbigem Tage aber noch den Befehl von Sr. Durchlaucht erhielt, bis auf weitere Order dort zu bleiben. Ich blieb daselbst, bis ich den 19.

---

84 hat sich in der Rangliste von 1806 nicht auffinden lassen.

abermals einen Befehl von Sr. Durchlaucht erhielt, den 20. September aufzubrechen und über Halle in die Gegend von Lauchstädt zu marschieren, wo ich der Abteilung Trains, welche der Capt. Voß von Berlin gebracht, und wobei sich auch der Herr Major und Intendant v.Janwitz befand, mich anschließen und sodann weitere Order erwarten sollte. Zugleich benachrichtigte mich der Herr Major und Intendant v.Janwitz in einem Schreiben: wie das Ober-Krieges-Collegium befohlen, daß ich sämtliche Bäckerei des Haupt-Corps sowie der Capt. Voß die Mehlfuhrwesen-Kolonnen desselben übernehmen sollte.

Gleich nach dem Einrücken in die Gegend von Lauchstädt, woselbst vom 21. Sept: bis 3. Ort: kantoniert wurde, übergab ich die beiden in Magdeburg mobil gemachten Mehl-Kolonnen an den Capt. Voß, und erhielt dagegen die 7 Öfen, welche derselbe von Berlin mitgebracht hatte. Auch trat der in Magdeburg mit zugeteilte Capt. v.Trützschler nach dem Befehl des Herrn General-Intendanten Obrist v.Guionneau mit diesen Kolonnen zum Capt. Voß über.

Ich bin es der Wahrheit schuldig, diesem Offizier das Zeugnis zu geben, daß er nach all seinen Kräften - und mehr war nicht zu fordern - mit Unverdrossenheit seinen Dienst verrichtet hat. Auf dem Marsch von Magdeburg bis Lauchstädt wurde derselbe zum Quartiermachen gebraucht.

Nach einem Befehl vom 25. Sept: aus Naumburg von dem Herrn Major v.Janwitz mir kommuniziert, befahlen der Herr Obrist und General-Intendant v.Guionneau, daß ich nun auch die noch ankommenden 5 Ofen, welche für das Hannöversche Korps bestimmt gewesen, und die der Herr Rittmeister Kummer[85] führte, als auch die 7 Ofen, welche zum Korps des Fürsten von Hohenlohe stoßen sollten, und die unter Führung des Capitains Reichhelm, den 6. Okt: in der Gegend von Lauchstädt eintreffen würden, übernehmen müßte. Die ganze Bäckerei des Haupt-Korps sollte demnach aus 25 Ofen bestehen. Nach einem andern Befehl vom 27. September aber sollten nun auch noch die 5 Öfen des von Kalckreuthschen Korps, geführt von dem Capt. v.Wedel und Lieut. v.Below, übernommen werden. Da aber der Abmarsch aus den Kantonierungen schon den 3. Okt: erfolgte, so war der Capt. Reichhelm mit den 7 Ofen des Hohenlohschen Korps noch nicht angelangt, wohl aber die 5 Ofen des von Kalckreuthschen Korps, und ich marschierte den 3. Okt: früh aus der Gegend von Lauchstädt mit 6 Ofen aus Magdeburg, 7 Ofen aus Berlin, 5 Ofen welche zum Hannöverschen Korps sonst gerechnet wurden, und 5 Ofen des v.Kalckreuthschen Korps, in Summa mit 23 Öfen, wobei mir die beiden Train-Offiziere, der Lieut. v.Below und v.Hirschfeld, gegeben waren. Ich für meine Person führte auf diesem Marsch, der über Querfurth, Artern bis nach Friemar bei Gotha gehen sollte, die erste Kolonne von 11 Öfen, nämlich der 6 Magdeburger und 5 des Hannöverschen Korps; der Lieut. v.Below behielt die 5 des v.Kalckreuthschen Korps, und der Lieut. v.Hirschfeld erhielt die Führung der 7 Öfen, welche aus Berlin angekommen waren. Dieser Marsch wurde bis zum 7. Okt:, wo in der Gegend von Erfurt in dem Dorfe Gispersleben Kiliani eintraf, fortgesetzt. Hier erhielt ich aber in der Nacht noch den Befehl, meiner gehabten

---

85 muss Krumm heißen

Marschroute nicht weiter zu folgen, sondern nach Groß- und Klein-Obringen und umliegenden Dörfer in der Gegend von Weimar zurück zu marschieren. Dies geschah, und meine Kolonnen wurden nach der erhaltenen Dislokation einquartiert.

Aus dem Hauptquartier Erfurt erhielt ich von dem Herrn Major v.Janwitz den 9. Okt: Abends den Befehl: sofort mit sämtlicher Bäckerei aufzubrechen, und nach Erfurt zu kommen, woselbst sogleich der Anfang mit Backen gemacht werden sollte. Um 6 Uhr Abends kam dieser Befehl an, und um 8 Uhr waren die Kolonnen schon zum Ausrücken fertig. Der Marsch ging die Nacht durch, und wurden, um ihn trotz des so sehr schlechten Weges doch mit möglichster Schnelle vollführen zu können, fördersamst nach meinem Befehl an die Herren Offiziers die Schulzen aufgeboten, aus den Dörfern uns Leute mit Laternen zu geben, weil es so finster war, daß man nicht den Wagen erkennen konnte, der unmittelbar vor demjenigen fuhr, wobei man sich befand. Ob es nun gleich nicht fehlen konnte, daß bei den so überaus schlechten Wegen nicht wenigsten 30 so schwer beladene Wagen umgeworfen wurden, so konnte doch bei den getroffenen Vorkehrungen der Marsch nicht aufgehalten werde, sondern ich war mit sämtlichen Kolonnen den 10. Okt: früh um 7 Uhr vor Erfurt. Ich ritt sogleich hinein und suchte den Herrn Obrist v.Guionneau auf, um weitere Befehle zu erhalten. Aber schon war die Armee wieder im Aufbruch nach Blankenhayn, und der Herr Obrist ebenso zum abreiten fertig. Dieser wahrhaft mühsame und besonders für die Pferde angreifende Marsch war ganz vergeblich gemacht. Ich erhielt schon von dem Herrn Obristen den mündlichen Befehl, wieder umzukehren und nach den alten Kantonierungen bei Weimar zurückzugehen. Ehe ich diesen Befehl befolgte, meldete ich mich aber bei dem Herrn Major v.Janwitz, und erhielt nun auch von diesem die schriftliche Anweisung: Wenn die Pferde wieder gefüttert und einige Stunden geruhet haben würden, aufzubrechen, und den Weg retour zu gehen. Mit 10 Öfen sollte ich aber geradewegs nach Weimar fahren, diese dann auf der Seite von Weimar de concert mit dem dortigen Proviant-Amt aufschlagen, die Pferde von diesen 10 Öfen so nahe als möglich bei Weimar unterzubringen suchen, mein Quartier aber in der Stadt selbst nehmen. Die übrigen 13 Öfen sollten in die gehabten Quartiere zurückgehen. Zu dem Ende gab ich den Herrn Lieut. v.Below noch einen Ofen zu, weil ich bis jetzt 11 Öfen selbst geführt hatte. Um Mittag trat ich den Rückweg mit sämtlichen Kolonnen an und konnte nur bis nach Oldendorf kommen, weil die Wege so sehr schlimm waren und das Vieh zu stark angegriffen wurde. Den 11. Okt: brach ich wieder in aller Frühe von Oldendorf auf und setzte meinen Marsch fort. Unterwegs erhielt ich schon von dem Herrn Obrist v.Guionneau einen Ordonnanz-Schirrmeister mit dem Befehl, mich eiligst nach Weimar zu demselben zu begeben. Hier erfuhr ich zuerst die unglückliche Affaire bei Saalfeld, und daß das Hauptquartier selbst nach Weimar zurückgelegt sei. Sobald ich dort angekommen war, erhielt ich die Ordre, durch Weimar zu marschieren und diese 10 Ofen an der Ilm in der Gegend des Dorfes Ober-Weimar aufschlagen zu lassen. Der Herr Kriegsrat Malingrot erhielt als Kommissariats-Direktor zugleich den Auftrag, von dem Magistrat zu Weimar die zum Aufschlagen nötigen Materialien, als Steine, Kalk usw., zu requirieren. Diese Materialien wurden mit vieler Mühe den

12. Okt: Nachmittags zusammen gebracht und nun sogleich der Anfang mit dem Aufbau der Öfen gemacht. Auch musste der Herr Major v.Katte auf Befehl des Herrn Obristen v.Guionneau mir noch einen Ofen von Apolda aus zuschicken, so daß den 13. Okt: früh die 11 Ofen fertig waren.

Wie viel Tätigkeit dazu erfordert wurde, dies alles zu bewerkstelligen und im Gange zu bringen, wird der jetzige Obrist-Lieutenant und Intendant v.Janwitz, der umermüdet bis in die späte Nacht selbst abwechselnd zu mir kam, auch bezeugen können. Während dessen erhielten der Lieut. v.Below und v.Hirschfeld die Ordre nach Buttelstädt zu gehen und dort die übrigen 13 Ofen im Gange zu bringen. Diese Offiziers haben da alles, was nur gefordert werden kann, erfüllt. Denn noch am 13. Okt: erhielt ich von denselben den Rapport, daß bereits einige Ofen im Gange wären. Schon den 13. Okt: Mittags wurde von einigen Regimentern das Brot bei mir empfangen, so wie es aus den Öfen kam. Ich habe hier die schmerzhafte Erfahrung machen müssen, wie viel gewonnen worden wäre, wenn ich den mir so nötigen Rendanten und Kontrolleurs, um die ich so oft gebeten, erhalten hätte: denn jetzt, wo ich ganz allein war, mußte ich dem Oberbackmeister die Einnahme und Ausgabe überlassen; und wenn ich auch weiß, daß dies ein sehr ehrlicher Mann war, so konnte ich doch, um bald hier bald da zu sein, nicht auf alles so mein Augenmerk richten, wie es geschehen konnte, wenn nicht das ganze Geschäft auf mich allein gelastet hätte.

Übrigens kann ich hier nicht unbemerkt lassen, daß Se. Majestät bei meinem Durchmarsch durch Weimar meine Kolonne Allerhöchst Selbst besichtigten, und der Herr General v.Köckritz die Leute genau examinierten, ob sie ihr Futter richtig erhielten. Se. Majestät waren Allerhöchst Selbst zufrieden und äußerten dies nicht bloß in sehr gnädigen Ausdrücken zu mir, sondern hatten Selbst für uns beide Direktoren, den Capt. Voß und mich, die Gande, zum Beweis Ihres allergnädigsten Wohlwollens uns in einem Königl: Kabinetts-Schreiben zur Auszeichnung Hüte mit schmalen Tressen und Federbüsche zu erteilen. Auch der Herr General v.Köckritz sagte mir, als Hochdieselben die Knechte examiniert, und sich von dem guten Zustand der Bespannung überzeugt hatten: Sie haben alle Ehre von ihren Train. Der Herr Major und Intendant v.Janwitz waren bei diesen Durch- und Vorbeimarsch auch zugegen.

Den 13. Okt: wurde nun aus allen Kräften in den 11 Ofen gebacken, denn nach dem mir erteilten Befehl sollte bei großer Verantwortung alles aufgeboten werden, um so viel Brot wie möglich zu schaffen. Daher ich jedem Ofen 2 Reichstaler Belohnung versprach, wenn die Leute sich so anstrengen würden, daß sie statt der sonst gesetzmäßigen fünfmal sechsmal backen würden, welches auch geschah. Meine beiden detachierten Herrn Offiziere v.Below und v.Hirschfeld sandte ich nach Buttelstädt ebenfalls die Order, alles aufzubieten, um den Befehl, so viel als nur irgend möglich Brot vorrätig zu schaffen, zu erfüllen. Die Regimenter waren im Lager und nur das Grenadier-Garde-Batl. kantonierte neben mir im Dorfe Ober-Weimar, wobei ich mit dem ganzen Personal und Pferden kampierte.

Gegen Mittag wurde mir durch den Herrn Major und Intendanten v.Janwitz der Befehl namens des Herrn General-Intendanten erteilt: daß zwar die Armee aufbrechen und nach Auerstädt abmarschieren würde, ich aber mich an nichts kehre, und mit allen Fleiß sollte fortbacken lassen, auch auf Befehl Se. Hochfürstlichen Durchlaucht mich bei dem Herrn Gen.Lieut. v.Rüchel, der den 13. Abends von Erfurt kommend zu Weimar eintreffen würde, melden sollte und dann dessen fernere Befehle erwarten, wann und wie ich abmarschieren sollte. Um 2 Uhr des Nachmittags brach die Armee auf, auch das Grenadier-Garde-Btl. verließ mich und ich blieb nun allein stehen und erwartete die Ankunft des Herrn General von Rüchel. Diese erfolgte des Abends um 9 Uhr, wo ich den Herrn General auf dem Schlosse zu Weimar sprach, mich meldete und meine Lage und Standort schilderte. Der Herr General wunderten sich, wie ich mit der Bäckerei, zum Haupt-Korps gehörig, mit einemmal zu ihrem Korps kommen sollte. Ich konnte weiter nichts tun, als mich auf die mir gegebenen Befehle zu berufen, und meine Lage schildern, daß ich ohne einen Mann Bedeckung zu Ober-Weimar stünde. Der Herr General nahmen mich endlich auf, versicherten mir, daß ich ganz ruhig sein könnte, und sollte ich einen Wagenmeister zur Ordonnanz geben, der mir die nötigen Befehle überbringen würde. Übrigens befahlen der Herr General mir ebenfalls, recht fleißig backen zu lassen, weil die Regimenter das Brot sehr bedürfen würden. Ich gab sogleich einen Wagenmeister zur Ordonnanz und blieb nun die ganze Nacht vom 13. bis 14. Okt: auf den Beinen, um die Leute recht tüchtig zum fleißigen arbeiten zu encouragieren.

Den 14. Morgens um 6 Uhr, es war noch ganz dunkel, hörten wir die ersten militärischen Begrüßungen, den Donner der Kanonen, zum großen Trauerspiel. Das Korps des Herrn General v.Rüchel sammelte sich in der Position auf den Bergen von Ober-Weimar bei mir zur Schlachtordnung. Ich hielt da, um zu hören, ob noch an mich Befehle ergehen würden, und befahl besonders meinem Ordonnanz-Wagenmeister, sich immer nahe bei dem Herrn General zu halten, und sobald er von demselben Befehle erhalten würde, sie mir auf das Schnellste zu überbringen. Der Herr Major v.Janwitz war auch hier schon in der Position. Ich selbst blieb bis 9 Uhr oben beim Schlachtgetümmel, um mich doch einigermaßen von den Dispositionen zu unterrichten, die genommen wurden, da mir nicht das geringste bekannt war, weder was ich tun sollte, wenn die Armee in den bereits angefangenen Geschwindschritt immer weiter vorginge, nicht, was ich auf den doch möglichen Fall einer Retraite zu machen hätte, und besonders, wohin ich dann mit der ganzen Bäckerei der Haupt-Armee mich hinzuziehen anfangen sollte. Es war aber darüber nichts zu erfahren.

Desto froher empfingen wir die Nachricht, daß Se. Majestät bereits eine Division bei Auerstädt geschlagen, mehrere Kanons erobert und viele Gefangene gemacht hätten. Ich eilte zurück und teilte meinen Leuten die hoher Freude diese Nachricht mit, ermunterte sie, nun mit verdoppelten Kräften zu arbeiten, damit unsere braven Kameraden Brot fänden, wenn sie, vom Kampfe ermüdet, Hunger haben würden. Auch nach Buttelstädt schickte ich einen Schirrmeister, benachrichtigte die Herrn Offiziers dort von dem was ich gehört, und bat sie, nun mit mir doppelt angestrengt zum Wohl des Ganzen zu wirken. In dieser glücklichen Täuschung blieben wir bis etwa Mittags nach 1 Uhr, als zuerst Sachsen zurückkamen und versicherten, daß die Armee des Fürsten von Hohenlohe geschlagen sei. Etwas länger nachher so kamen auch Preußen. Ich hielt selbige für Ausreißer, hielt sie an und ging strenge mit ihnen um, als sie mir nicht Wunden zeigen konnten und doch versicherten, auch die Hauptarmee sei geschlagen. Unmöglich konnte ich mich davon überzeugen, weil besonders das Korps des Herrn General v.Rüchel immer mehr vorwärts gedrungen war, der Kanonen-Donner sich nur noch in großer Ferne hören ließ, und ich also auf ein Avancieren, aber nicht Retirieren schließen mußte. Zu mehrere Malen ritt ich bis auf halbe Meilen auf den Höhen vorwärts, aber ich sah nichts, und alles war still. Doch kamen schon immer mehrere Haufen, sowohl Kavallerie, Infanterie als Bagage durch einander, und versicherten, es sei alles verloren. Es konnte ungefähr 4 Uhr Nachmittags sein. Alles war bei mir in voller Tätigkeit, und durften selbst diese Vorgänge das Geschäft des Backens nicht unterbrechen. Denn einmal erwartete ich den Ordonnanz-Wagenmeister, welcher aber nicht kam, und den ich auch nicht wiedergesehen habe. Andernteils hatte ich keinen Begriff dafür, wie eine preußische Armee, selbst wenn sie geschlagen war, ohne Ordnung ihren Rückzug sollte antreten können, und glaubte also, meinem Befehl immerfort nachkommen zu müssen, und jener, wie es mir schien, vielleicht nur augenblicklich eingetretenen Verwirrung Ruhe, kaltes Blut und Besonnenheit entgegen zu setzen, für am nötigsten. Da hörte ich, daß der Herr Major und Intendant v.Janwitz noch Geschäfte wegen in Weimar sei. Ich schickte sogleich den Wagenmeister Müller hinein und ließ den Herrn Major bitten, die Güte zu haben, und selbst zu mir zu kommen. Kaum hatten der Herr Major meinen Wunsch und die Verlegenheit gehört, in der ich mich befand, als sie auch sogleich zu mir kamen. Ich bat nun, zu befehlen, ob ich abmarschieren sollte oder nicht. Der Herr Major wollten sich noch mehr selbst überzeugen und ritt mit mir auf die Höhen jenseits Ober-Weimar. Es war kein Schießen zu hören, bloß Trupps und einzelne Leute kamen zerstreut gelaufen. Endlich hörte man mit einemmale einzelne Büchsenschüsse fallen. Der Herr Major befahlen nun, da die Öfen glühend waren und nicht mitgenommen werden konnten, daß Pferde vorgespannt und sie auseinander gerissen wurden. Die Wagen hatte ich beladen lassen. An 15.000 Brote lagen vorrätig, auch vielleicht noch 50 Faß zum Backen hingesandtes Mehl, welches auf dem Fleck liegen bleiben mußte. Es war angespannt, und wir fuhren nun mit Ordnung und Ruhe durch den so genannten Park, um die Brücke von Weimar zu erreichen. Ehe wir aber noch an selbige kamen, hatte das Schießen sich schon mehr genähert, und die Brücke fanden wir mit einem Füsilier-Batl. besetzt, das mit seinen Kanons den Berg, wo die Chaussee nach Auerstädt führt, hinaufschoß, von welcher Höhe die Franzosen eben nach Weimar zu Haubitzieren anfingen. Der Herr Major, der sich mit aller Aufopferung nicht von mir entfernte, ritt mit mir vor, um das Batl. zu bewegen, uns mit den beladenen Wagen durchzulassen. Aber alle Vorstellungen waren vergebens, weil sie behaupteten, hinter diesen Train würden sich die Franzosen mit hinein stürzen. Es blieb hier also nichts übrig, als nun noch geschwind die Pferde abspannen zu lassen, um diese Se. Majestät zu retten. Mit großer Lebensgefahr mußten wir beim Schießen und zwischen die Bajonette der Füsilier durchjagen, wobei selbst nach Knechten und Pferden geschlagen und gestochen wurde. Glücklich waren nun wenigstens sämtliche Pferde der Kolonne gerettet. Ich kann hier nicht unbemerkt lassen, daß wenn auch die tätige Bemühung des Herrn Major v.Janwitz sowohl als von meiner Seite, durch das Batl. mit dem Train über die Brücke zukommen, gewirkt hätte, bei der Retraite über den Harz-Gebirgen die schwer beladenen Wagen hätten stehen bleiben müssen, weil bei dieser gänzlich aufgelösten Ordnung einer dem Andern vorzusprengen suchte, mehrere umgeworfene Compagnie-Wagen mitten im Wege liegen blieben, und endlich die Märsche so stark genommen, die Wege aber so böse wurden, als daß diese Wagen hätten durchgebracht werden können. In der Nacht kam der Herr Major v.Janwitz von mir ab, denn er ritt noch einmal nach Buttelstädt, wo die 2. Bäckerei etabliert war, und ich traf denselben erst in Magdeburg wieder. Ich traf des Nachts gegen 12 Uhr in Erfurt ein. Da aber hier alles auf den Straßen und Märkten voll lag, auch in der Nacht Futter zu empfangen nicht möglich war, so ließ ich nur eine Stunde Halt machen. Zugleich erfuhr ich, die Retraite würde nach Langensalza genommen, welchen Weg ich sodann einschlug. Den 15. Oktbr: gegen 10 Uhr Vormittags kam ich und die Menge von Bagage und Train, die weit über 1 1/2 Meilen Weges einnahmen, zu Langensalza an, wo ich Futter empfing. Kaum hatten die Pferde ein Futter gefressen, als die Ordre kam, die Retraite über Nordhausen sogleich weiter zu verfolgen. Wir marschierten daher sobald als möglich ab und die Nacht zum 15. Oktbr: durch, trafen dann auch des Mittags zu Nordhausen ein. Der Marsch war einer der beschwerlichsten; denn nun hatte sich schon eine Menge Soldaten, sowohl von Kavallerie als Infanterie, ohne Führung und zersprengt bei dem Train und der Bagage eingefunden, welche zügellos in dieser Nacht die Verwirrung, welche schon in dem ganz ohne Bedeckung zurückfliehenden Train herrschte, dadurch vermehrte, daß sie unablässig ihre Gewehre abfeuerten, so daß es oft war, als ob ganze Bataillone schossen. Einige von diesen Leuten rannten dann bei den Wagen vorbei und riefen: die Chasseur, die Chasseur! — Auf solchen Ruf floh dann alles was ihn hörte aus den Reihen, die Wagen jagten ineinander, die Felde wurden von Zelterpferden besät, und so war dann bald dieser Marodeur-Wunsch erfüllt; es wurden nun die Bagagen der Offiziere geplündert, die Zelter und Koffer abgeworfen, und so kamen die Kavalleristen mit Pferden am Zügel wieder vorgesprengt. In der Nacht hatten sie selbst einen meiner Knechte im Finger gehauen, weil sie den Zaum des Handpferds los haben wollten, um damit davon zu reiten, welches ihnen auch zweimal gelungen ist, ehe es möglich war, zu den nach Hilfe rufenden zu gelangen. Dabei wurde nun stets geschossen, daß die Kugeln den Leuten um die Köpfe sausten, und dadurch die Furcht um ein großes vermehrt.

Zu Nordhausen, wo bis in der Nacht zum 17. Oktbr: auf einer Wiese gefüttert wurde, kam der Herr Lieut. v.Below und v.Hirschfeld wieder zu mir, und ich erfuhr, daß auch sie die Ofen hatten stehen lassen müssen, weil sie glühend gewesen waren. Diese hatten aber einige ledige Wagen gerettet. Der Marsch wurde nun über Blankenburg und Halberstadt fortgesetzt. Vor den Toren des Städtchens Wanzleben traf ich den 18. Oktbr: mit einem Kommando des Herrn Rittmeister v.Blücher vom Regt. Wobeser, welcher mir sagte, daß Se. Majestät befohlen hatten, daß Niemand in diesem Städtchen bleiben, sondern daß sich alles so schnell als möglich nach Magdeburg ziehen sollte. Ich darf mich hier wohl darauf berufen, daß der Herr Rittmeister mir versicherte: Der Train, den ich führte, sei das Einzige, was er bis jetzt in Ordnung und Ruhe hätte zurückkommen sehen, er habe es in der Ferne für Kavallerie gehalten. Die Pferde ließ ich wieder vor dem Tore aufmarschieren und bat den Herrn Rittmeister, zu erlauben, daß ich nur in die Stadt gehen und für meine Pferde, die den ganzen Tag nichts gefressen hatten, Futter besorgen könnte. Dies geschah, und nachdem die Pferde satt waren, so setzte ich den Marsch in der Nacht bis Groß-Ottersleben, etwa 3/4 Meilen vor Magdeburg, fort, wo ich, da schon alles voll war, kampierte, nur wieder für Futter sorgte, und den 19. früh nach Magdeburg aufbrach. Hier traf ich wieder den Herrn Major v.Janwitz. Der General v.Schack, welchem das Geschäft des Quartiergebens anvertraut war, dislozierte meine Pferde nach Colbitz, 2 1/2 Meilen von Magdeburg. Ich sandte sie unter Kommando des Inspektors dahin, weil ich für meine Person in Magdeburg bleiben musste, um die noch etwa ankommenden Trains zu sammeln. Tages darauf erhielt ich von dem Herrn Major v.Janwitz den Befehl, zu dem Herrn Obrist v.Guionneau zu kommen, der auch in Magdeburg angekommen war. Der Herr Obrist machte mir hier bekannt, daß ich in Magdeburg zurückbleiben müßte, und von jetzt an den Capitain v.Weiß und Lieut. v.Jost, die mit 9 Öfen zurückgekommen waren, unter meine Direktion nehmen sollte, da kein Bäckerei-Direktor sonst da wäre, weil der Herr Major v.Katte gefangen worden sei. Die beiden Offiziers hätten auch bereits Order sich bei mir zu melden. Die Öfen sollten auch gleich auf der Neustadt nahe an der Elbe aufgeschlagen werden, um da das Proviant-Amt nicht imstande sei, den Bedarf des Brots für die Truppen zu schaffen, dies zu unterstützen. Der Herr Hauptmann Voß aber, und auch meine beiden Herrn Offiziers, der Lieut v.Below und v.Hirschfeld nebst dem Inspektor Knaul mit meinen mitgebrachten Pferden, sollten der des Fürsten von Hohenlohe folgen. ...

———

Anlage 08   Rapport von den 4 Mehl-Kolonnen unter dem Capitain und Train-Direktor Reichhelm, Danzig den 11ten November 1806

Es befinden sich bei der	Offiziers	Rendant	Inspektor	Wagenmeister	Schirrmeister	Chirurg	Handwerker	Knechte		Pferde			Wagen		Summe	
								Fuhr	Reserve	Zug	Reit	Reserve	Mehl	Reserve	Mannschaft	Pferde
Glogauischen Kolonne des Inspektors Ehrlich			1	2	4	1	6	52	15	156	8	8	25	1	81	172
Breslauischen Kolonne des Inspektors Nimptsch			1	2	4		3	50	16	150	7	8	24	1	76	165
1n Stettiner Kolonne des Inspektors Kühl			1	2	3		5	50	7	150	6	9	24	1	68	165
2n Stettiner Kolonne des Inspektors Jungklaus			1	2	4		4	52	8	156	7	8	25	1	71	171
ein Kassen-Wagen								2		6		1			2	7

Außerdem befanden sich bei der Kolonne noch 38 marode Pferde, wovon ein Lazarett etabliert ist.

Vierzehn unbespannte Wagen, welche unbrauchbar sind hier in Danzig zurück gelassen worden, zumal selbige wegen Mangel an Pferden nicht haben bespannt werden können.

Bei der Kolonne befinden sich an Offiziers:
der Capitain und Train-Direktor Reichhelm
der Capitain von Wedel
und der Lieutenant von Natzmer
und der Rendant Kahlenberg und Kontrolleur Hoffmann

Gefangen sind
der Lieutenant von Zitzwitz
desgl. der Lieutenant von Reitzenstein, nebst zwei Kolonnen

Das ganze Proviant-Fuhrwesen unter Direktion des Capitains Voß ist zuverlässig eine Beute des Feindes geworden; indem man keine Nachricht von demselben, ob sie sauviert sind, hat einziehen können. Bei diesen Kolonnen befand sich der Capitain v.Trützschler von dem man ebenfalls nichts weiß.

Von der Feld-Bäckerei, selbige bestand aus 30 eisernen Backofen, davon sind
     11 Stück in Ober-Weimar und
     11 Stück in Buttelstedt, in Summe 22 Stück etabliert gewesen und sind am Tage der Bataille dem Feinde alle in die Hände gefallen.

Acht Backofen unter der Direktion des Hauptmann von Herzberg sind gerettet und auf hohen Befehl in Magdeburg zu samt dessen Fuhrwesen zurück geblieben. Bei diesen befanden sich die Capitains v.Weisse und v.Below, ob aber der Lieutenant von Hirschfeld noch dort eingetroffen ist, kann ich nicht bestimmen, vermutlich ist er auch gefangen.

von Janwitz

––––––

Anlage 09   Spezifikation zu 3 Backöfen des Korps L'Estocq Dezember 1806

Spezifikation derer eisernen Backofen und Back-Requisiten, so nach Hohenstein bestimmt und ich aus dem hiesigen Königl. Train-Depot richtig überliefert bekommen habe

3 eiserne Back-Ofen No. 74, 87 und 88. Jeder Ofen besteht aus 7 paar Haupt-Bügel, 3 Hinter- und 2 Vorderstücken, 1 Türe, 1 Tür-Gerüst und 1 Bohrer

2 große Back-Zelter No. 7 und 8, jedes mit 3 Böcken, 1 Balken, 4 Türstangen und zu jedem Zelt extra 2 große und 3 kleine Puppen

2 große Brot-Zelter No. 1 und 2, jedes mit 2 Böcken, 1 Balken, 2 Türstangen, dazu 2 große und 2 kleine Puppen

3 blecherne Back-Ofen-Zeichen No. 74, 87 und 88

3 Feuer-Beuten mit Deckel, beschlagen

3 Back-Beuten   2 Wasser-Tonnen

3 Trage-Kübel mit Stangen	3 Füll-Fässer
2 Wasser-Eimer	6 Ofen-Krücken
6 Brot-Schieber	2 kupferne Kessel à 230 Quart
2 Dreifüße zu diesen Kesseln	1 Holz-Säge, womit 2 Mann sägen
1 eiserne Keule Holz zu spalten	3 Holz-Äxte
3 eiserne Leuchten	2 blecherne Laternen
3 Trag-Scharren	45 Brot-Dielen

3 Brot-Waagen mit eisernen Balken und kupfernen Schalen

3 Gewichte von Eisen à 6 Pfund	3 Gewichte von Messing à $3/4$ Pfund
1 großes Mehl-Sieb mit Kasten	1 kleines Mehl-Sieb
3 Brot-Wische	2 Haar-Besen
3 Mehl-Schaufeln	2 Mehl-Tubben

75 Mehl-Säcke

8 Bäcker- und Maurer-Zelter mit Balken und Stangen

16 Zelt-Decken

8 Feld-Kessel kupferne, verzinnt	à 5 Quart
8 Kasserolles dto. dto.	à 2 Quart
16 Feldflaschen mit Riemen	à 2 Quart

2 Lehm-Kasten	3 Lehm-Pixxxx
2 Lehm-Spaten	3 Mauer-Hämmer
3 Mauer-Kellen	2 Feuer-Haken
2 Locheisen	1 Hand-Beil
1 Schneide-Messer	1 Hobele-Messer
1 Hand-Säge	1 Feile
1 Trauf-Bohrer	1 Zirkel
1 Zange	1 Hammer
1 Klopf-Keule	2 Wasser-Schöpfer

1 Kasten für Mauer und Schiebermacher, unbeschlagen mit Krampe und Haspe

3 Satz Brot-Zeichen à 31 Stück	2 Zünd-Schläger
3 eiserne Kohlen-Schaufeln	3 Feuer-Zangen
1 Mehl-Stampfer	1 Vorlege-Schloß

Das mir vorstehende spezifizierte eiserne Back-Ofen uns Back-Requisiten aus dem hiesigen Königl: Train Depot und zwar nicht mehr und nicht weniger richtig über-liefert worden sind, quittiere hiermit   Königsberg, den 5n Dezember 1806

Hesse
Fels Backmeister

Die Richtigkeit attestiert

Voss
Hauptmann und Train Direktor

Spezifikation der Feld Proviant Fuhrwesen Stücke so mit der Feld Bäckerei nach Hohenstein bestimmt, und mir aus dem hiesigen Königl: Train Depot überliefert worden sind:

3 Back Ofen Wagen mit Vorder und Hinter Bracke No. 5, 6 und 7

3 Requisiten Wagen No. 5, 6 und 7	2 Spriegel Wagen No. 3 und 4
7 Sattel Decken	1 Halfter Zaum
3 Halfter Ketten	12 Zügel mit Gebiss
2 Wagen Pläne	16 Peitschen mit Stöcken

4 Reserve Räder (1 Vorder 2 Hinter zu Back Ofen und Requisiten, 1 Vorder Rad zum Spriegel Wagen

4 Futter Säcke	6 Striegel
6 Kardätschen	17 Wasser Eimer, beschlagene
17 Fouragier Säcke	8 Teer Butten mit Pinsel
11 Futterschwingen	8 Wagen Beile
2 Radehauen	17 Futter Krippen
3 Häcksel Laden	3 Häcksel Messer
8 Gras Sensen inkl. Baum und Ringe	8 Wetz Steine
8 Sensen Streicher	8 Hemm Ketten
8 Hemmschuhe	2 Satz Spriegel
1 Wagen Winde	8 Picket Pfähle
8 Deichsel Pfähle	34 Krippen Pfähle
34 Krippen Stricke	1 Not Achse

1 Wagen und Schirrmeister Zelter mit Balken und Stangen

4 Knechts Zelter mit Balken und Stangen	10 Zelt Decken
5 Feld-Kessel kupferne, verzinnt à 5 Quart	
5 Kasserolles dto. dto. à 2 Quart	
10 Feldflaschen mit Riemen à 2 Quart	
1 Mist Schippe	108 Hufeisen, Paar
1728 Hufnägel	- Kampier Leinen
1 Berliner Scheffel Maß, beschlagen	1 dto. halber Scheffel
1 dto. viertel Scheffel	1 dto. Metze
1 dto. halbe Metze	1 dto. viertel Metze
2 blecherne Stall Laternen	1 Spann Nagel zur Reserve
1 Kanne mit Teer	

Das mir vorstehende spezifizierte Inventaren Stücke aus dem hiesigen Königl: Train Depot und zwar nicht mehr und nicht weniger richtig überliefert worden sind, quittiere hiermit   Königsberg, den 6^{n} Dezember 1806

Die Richtigkeit attestiert   Hahn Wagenmeister
        Voss   von der Feld Bäckerei
Hauptmann und Train Direktor

Verzeichnis der zu 3 eisernen Backofen erforderlichen Wagen, Train Bediente, Knechte und Pferd

Anzahl der Wagen		Wagenmeister	Schirrmeister	Knechte effektive	Knechte Reserve	Pferde effektive	Pferde Reserve	summa Knechte	summa Pferde
3	Backofenwagen a 2 M 6 Pf			6		18			
3	Requisitenwagen a 2 M 6 Pf			6		18			
2	Spriegelwagen a 2 M 6 Pf			4		12			
8	zur Reserve				2		4		
	Für die Train Bedienten								
	zum Reiten	1	1			2			
	Summa	1	1	16	2	50	4	18	54

Bei den 3 Backofen werden erfordert

1 Backmeister
3 Oberbäcker
43 Bäckerburschen inkl. 1 zur Reserve
1 Maurerpolier
3 Maurergesellen

Ferner

1 Schmiedegeselle
1 Stellmachergeselle und
1 Sattlergeselle

Verzeichnis derjenigen Handwerker, welche zu dem jetzt für das von L'Estocqsche Corps d'Armee mobil gemachten Backofen Fuhrwesen Train abgegeben werden

No.	Vor und Zuname	Alter	Religion	Geburtsort
	I. Bäcker			
1	Backmeister Gottfr: Hesse	32	Luth.	Rathenow
2	Oberbäcker Friedr: Völker	27	Luth.	Beerwalde
3	Oberbäcker Wilh: Nimrose	36	Luth.	Berlin
	II. Maurer			
1	Feld Maurermeister Dan: Noack	36	Luth.	Lüben
2	Maurergeselle Friedr: Neitsch	21	Luth.	Berlin
3	Maurergeselle Gottlieb Lange	23	Luth.	Danzig
	III. andere zum Train gehörige Handwerker			
1	Sattlergeselle Erdm: Kurk	36	Luth.	Marienwerder
2	Stellmachergeselle Joh: Martens	28	Luth.	Berlin
3	Schmiedegeselle Heinr: Sachse	25	Luth.	Stolberg